Antonio Mira de Amescua

La casa del tahúr

Edición de Vern Williamsen

Créditos

Título original: La casa del tahúr.

© 2024, Red ediciones S.L.

e-mail: info@linkgua.com

Diseño de cubierta: Michel Mallard.

ISBN tapa dura: 978-84-1126-299-6.
ISBN rústica: 978-84-9816-094-9.
ISBN ebook: 978-84-9897-569-7.

Cualquier forma de reproducción, distribución, comunicación pública o transformación de esta obra solo puede ser realizada con la autorización de sus titulares, salvo excepción prevista por la ley. Diríjase a CEDRO (Centro Español de Derechos Reprográficos, www.cedro.org) si necesita fotocopiar, escanear o hacer copias digitales de algún fragmento de esta obra.

Sumario

Créditos _____ **4**

Brevísima presentación _____ **7**
    La vida _____ 7

Personajes _____ **8**

Jornada primera _____ **9**

Jornada segunda _____ **57**

Jornada tercera _____ **107**

Libros a la carta _____ **153**

Brevísima presentación

La vida
Antonio Mira de Amescua (Guadix, Granada, c. 1574-1644). España.
De familia noble, estudió teología en Guadix y Granada, mezclando su sacerdocio con su dedicación a la literatura. Estuvo en Nápoles al servicio del conde de Lemos y luego vivió en Madrid, donde participó en justas poéticas y fiestas cortesanas.

Personajes

Marcelo Gentil, viejo
Alejandro, su hijo
Roque, lacayo
Don Diego Osorio, galán
Don Luis, Galán
Carlos de Villamayor, sevillano
Isabela, esposa de Alejandro
Ángela de Mendoza, dama
Ángela de Heredia, madre de Angelica
Gómez, escudero viejo
Fabián, criado
Domingo, lacayo sevillano

Jornada primera

(Salen Marcelo y Alejandro.)

Marcelo   Hijo, que único heredero
de mi casa y de mi honor
has nacido, no es amor
la pasión con que te quiero.
 Un afecto es, más asido
al alma. Aunque dije mal
—amor es, mas sin igual—.
Amor singular ha sido.
 La escuela de mis verdades
y consejos te ha criado,
pero tu error te ha llevado
por juegos y mocedades.
 Jugabas lo que tenías,
y no tenías también,
y tierno quisiste bien
cuantas mujeres veías.
 Contrario amor suele estar
al juego, y en tu sosiego
ni el amor divirtió el juego
ni el jugar venció al amar.
 En una y [en] otra guerra,
que el juego y amor son lides,
siempre estabas como Alcides,
un pie en el mar, otro en tierra.
 Remedio, por mil caminos,
intenté en vano a mi pena,
y al fin hallé el que refrena
juveniles desatinos.
 Caséte con Isabela
de quien fui tutor y a quien

    ha aprovechado más bien
la doctrina de mi escuela.
    En su rostro, en su cordura,
con singular eminencia,
aun están en competencia
la virtud y la hermosura.
    Ha durado la alegría
en tu casa, en quien estoy
como huésped, hasta hoy.
Éste es el octavo día.
    En la casa del tahúr
se dice que dura poco.
Pues ya los umbrales toco
de la muerte, y su segur
    siento casi a la garganta,
¡dulce muerte me acomoda!
Haz cuenta que siempre es boda.
Dure, oh hijo, esta paz santa.
    Yo, en mi casa y retirado,
mirar tu enmienda pretendo;
procedo bien advirtiendo
que ya mi hacienda te he dado.
    Tuya es ya la renta mía;
no tengo más que dejarte.
Solo reservo la parte
que al alma me convenía.
    Si le perdieres, apela
al hospital y no a mí.
Hacienda y mujer te di.
Buen dote trujo Isabela.
    Bien sé que cuerdo dispones
el gobierno de tu casa;
que el error del joven pasa
con nuevas obligaciones.

           Bien sé que el dichoso estado,
en que ya vives contento,
despierta tu entendimiento
y nueva razón te ha dado;
  pero nunca inútil es
el buen consejo.

Alejandro   Señor,
agradecido a ese amor,
beso mil veces tus pies.
  Yo con Isabela vivo,
preso de amor. ¿Qué cuidado
vencerá un enamorado?
¿Ni qué juego al que es cautivo?
  Mucho estimo tus consejos,
que al fin me doctrinan y aman.
Vejeces los mozos llaman
lo que prudencia los viejos;
  pero a mí ya me recrea
tu elección. No la condeno,
que siempre el consejo es bueno
aunque menester no sea.

(Adentro Roque y dos músicos.)

Roque   Brindis, sos músicos.

Músico I   Mía
es la obligación. Espera,
ya la paga.

Roque   ¡Oh, quién tuviera
una boda cada día!

Marcelo	Tus amigos te visitan si te alegran tus criados. Yo me voy, hijo. Los hados vida feliz te permitan.

(Vase. Salen don Diego, don Luis, y Carlos.)

Diego	Aun huele a boda la casa.
Alejandro	¡Oh, don Diego! ¡Oh, don Luis! ¡Qué tarde a verme venís!
Luis	Mientras que la octava pasa de esta doméstica fiesta, no era ocuparte razón.
Alejandro	La amistad, la obligación, en ningún tiempo molesta. ¿Quién es aquel gentilhombre?
Diego	De Sevilla y caballero, y nuestro amigo.
Alejandro	Yo quiero que mío también se nombre.
Luis	Hanos dado a conocer una dama sevillana... No mujer, no cosa humana... Ángel es, que no mujer. 　Aquí a Madrid ha venido con su madre a proseguir ciertos pleitos.

Diego
    Y a decir
que sola Sevilla ha sido
la madre de la hermosura.

Luis
    Con este conocimiento
de Carlos, en su aposento,
en amistad casta y pura,
tenemos conversación.
Rífanse dulces y aloja,
y pasamos la congoja
de las siestas.

Alejandro
    No es razón,
señor Carlos, que yo sea
de tal amistad ajeno.

Carlos
    Si para servir soy bueno,
serviros mi alma desea.

Alejandro
    Mi persona y esta casa
están a vuestro servicio.

(Salen los dos músicos y Roque con una taza y un jarro.)

Roque
    ¡No es boda donde hay juicio!

Diego
    ¡Hola! ¡Mirad lo que pasa!

Alejandro
    Roque y dos músicos son.
Mi boda están celebrando,
más bebiendo que cantando.

Luis
    No es mala la ocupación
si cantan mal, pues bebiendo

	no cantarán.
Alejandro	Son malditos.
Roque	No es, oh músicos mosquitos, voz la vuestra sino estruendo. Zumbadme en estos oídos, bailaré.
Alejandro	¡Loco, despierta!
Roque	La boca sola está alerta mientras duermen los sentidos.
Alejandro	¿A qué habéis salido aquí?
Roque	Para danzar, ¿no lo ves?, en tus bodas.
Alejandro	¡Lindos pies de danzar!
Luis	Serán ansí bacanales, no himeneos.
Roque	¿No veis los que representan? ¡Qué bailecillos inventan de visajes y meneos! En ellos, si consideras, dos diferencias se ofrecen; que allá borrachos parecen y aquí lo estamos de veras. Allá se dejan caer, tuercen el cuerpo al desgaire,

dan traspiés, burlan del aire
que el danzar debe tener.
 ¿Qué oficios hay inventados
que no se imiten allí?
Parecen, bailando ansí,
o locos o endemoniados.
 No hay cosa en la vida humana
que no baile a su despecho.
La matemática han hecho
bailarina escarramana.
 Una araña, roja y fiera,
en Italia he visto yo,
y cualquiera que picó
baila de aquesta manera.
 Y pienso que no se engaña
un señor muy avisado
que dice que se han pasado
las tarántulas a España.

Alejandro   Y aun hacen esos errores,
que en España renovemos
bailes que culpados vemos
en los antiguos autores.

Roque   Cantad, músicos panarras,
que ya me voy meneando.

Músico I   Reventaremos cantando.

Roque   Eso hacen las cigarras.

(Cantan. Baila Roque.)

Músicos   «Cualquier casamiento

alegra la casa,
como no se casen
el vino y el agua.
   Goza de Isabela,
hermosa y gallarda,
el nuevo Alejandro,
honra de su patria.
   Haya muchos siglos
placer en su casa,
como no se casen
el vino y el agua.»

Alejandro   Basta, basta, que este día
no estáis para nada buenos.

Diego   De vino los tiene llenos
vuestra dichosa alegría.
   Tanta os dé vuestra mujer
que nunca podáis mirar
ni la cara del pesar
ni la espalda del placer.
   Años del fénix no visto
viváis con ella, Alejandro,
los de Nestor, los de Evandro,
los de Príamo y Egisto.
   El tiempo que corre aprisa
tardo movimiento tenga,
y al fin vuestra muerte venga
envuelta entre sueño y risa.

Alejandro   Deseos son lisonjeros
de una voluntad pagada.
   Tráeme la capa y la espada;
que con estos caballeros

	saldré un rato.
Luis	Es honra nuestra.
Músico II	En otra boda os veáis.
Alejandro	Mala música tengáis.
	¡Que sí tendréis si es la vuestra,
	que yo no quiero enviudar!

(Vanse los músicos y Roque.)

Luis	No, ¡plega a Dios! Antes sean
	tantos tus hijos que vean,
	de los cielos y del mar,
	luces y arenas iguales
	a su número, y de flores
	se coronan vencedores
	en mil batallas navales.
	Uno en la guerra cruel
	ciña de roble su frente,
	otro sabio y diligente
	en la escuela, de laurel.
	Uno suba en la conquista
	de alguna empresa cristiana,
	y otro en la corte romana
	sagrada púrpura vista.

[Sale Roque en capa y sombrero.]

Alejandro	Dulce cosa es el casarse
	si tal parabién se espera.
Roque	Si quisiere salir fuera,

su merced, a pasearse,

(Pónele su misma capa y sombrero.)

no se habrá visto jamás
tan galán.

Luis   ¿Qué has hecho, loco?

Alejandro   A cólera me provoco.
Cansado borracho estás.

Roque   En éste, tu alegre estado,
de un modo estamos tú y yo.

Alejandro   Luego, ¿estoy borracho?

Roque   No,
pero estás...

Alejandro   ¿Qué estoy?

Roque   Casado.
  Pues si yo mal no me acuerdo,
la mujer al vino imita;
porque en un momento quita
el seso al hombre más cuerdo.
  Que se pueden comparar
oí a un discreto decir,
pues tal vez hacen reír,
y tal vez hacen llorar.
  ¿No has visto qué dulcemente
entra el vino por la boca,
y cuando a las tripas toca,

qué fuerte y bravo se siente?
 La mujer, cuando se casa,
entra muy mansa, porque es
vino al beberse, y después
no hay quien la sufra en la casa.
 Como vino puro ha sido
la que a ser ligera empieza,
pues se sube a la cabeza
del desdichado marido.
 Una diferencia alego:
que el vino viejo ha de ser,
mas si es vieja la mujer,
leña es, seca, ¡vaya al fuego!
 Un cortesano bizarro,
de estos melífluos decía
que él en la mujer querría
las calidades del jarro:
 limpio ha de ser, sano y nuevo.
Y ansí mujer linda o fea,
ya que es vino, jarro sea,
que de otra suerte no bebo.

(Salen Isabela y Fabián. Sacan de vestir a Alejandro.)

Isabela ¿Dónde, con tal diligencia?

Fabián Dicen que salir quería.

Isabela ¿Vais fuera?

Alejandro Sí, gloria mía;
mas no sin vuestra licencia.
 Es forzoso acompañar
mis amigos.

Diego   Servidores
              suyos y vuestros.

Isabela   Señores,
              míos os podéis llamar.

(Van vistiendo [a] Alejandro.)

Carlos (Aparte.)   (¡Mujer divina! El extremo
              de hermosura manifiesta.
              Ángela es ángel, mas ésta
              es de otro coro supremo.
                ¿Qué superior jerarquía
              contiene este ángel? En mí
              siento, después que la vi,
              nueva suerte de alegría.)

Isabela   Por parecer desposado,
              lleva más joyas, si quieres.
              Envidiarán las mujeres
              mi felicísimo estado.
                La cadena de diamantes
              llevarás.

Alejandro   A mucho obligan
              tus joyas.

Isabela   Quiero que digan
              como hay mujeres, amantes
                de sus maridos.

Carlos (Aparte.)   (¡Qué grave
              honestidad y qué hermosa
              compostura! No vi cosa

20

                        a l[os] ojos más suave.)

(Apartados.)

Alejandro   Mi curiosa inclinación
                        ver esa Ángela desea.

Luis   ¿Hay más, sin que se vea?

Alejandro   ¿Y a cualquier conversación
                            está apacible? ¿O se espanta?

Luis   Con un honesto recato,
                        es agradable su trato.

Alejandro   ¿Y su madre?

Luis   Es una santa.
                        Argos es de la muchacha,
                        pero aplica su atención
                        a libros de devoción,
                        y es sorda.

Alejandro   ¡Famosa tacha!

Carlos (Aparte.)   (Gloria inspira, si la veo.
                        Rige mis ojos razón,
                        que el ver con delectación
                        cerca está de ser deseo.)

(Vanse.)

Isabela   ¿Qué amigos, Roque, son éstos?

Roque   Los amigos que se usan.
             En el trabajo se excusan,
             y en la dicha son molestos.
                Todos son de la manera
             que fáciles golondrinas,
             que nos buscan, peregrinas,
             en la verde primavera.
                Vinieron de allende el mar
             buscando el mayo templado,
             y antes del diciembre helado,
             van a otra parte a cantar.
                Facilidad semejante
             en nuestra sombra se vea,
             que nos sigue y nos rodea
             sin dejarnos un instante,
                y aunque de nosotros nace
             cuando el Sol su luz no niega,
             apenas la noche llega
             cuando vana se deshace.
                Éstos vienen y se alejan
             según los tiempos prosiguen:
             en el próspero no[s] siguen,
             y en el adverso nos dejan.
                Los primeros han de ser
             que a los juegos o a las damas
             le lleven.

Isabela   ¡Ay, Roque! Si amas
             a tu señor...

Roque   ¿Qué [he] de hacer?

Isabela   Suplicarle muy de veras
             que vuelva presto.

Roque	Yo voy.
Isabela	Síguele.
Roque	Podenco soy, que sé bien sus madrigueras.

(Vanse. Salen Ángela y su madre con un libro.)

Madre	Ángela.
Ángela	¿Señora?
Madre	Escucha una madre que desea que vivas felicemente, que prósperos años tengas. Hermosura y gallardía te dio la Naturaleza, hidalga sangre tus padres, el Tiempo su primavera. Juventud gozas florida, solo la Fortuna ciega contra tus méritos, hija, te ha negado su riqueza. Supla el arte a la Fortuna, y la buena diligencia engendre en ti la ventura que te niegan las estrellas. En la corte estás, que es mar donde el diligente pesca, el venturoso triunfa, y el desdichado se anega. Buen anzuelo es la hermosura,

muchos golosos se ceban;
aspira a un gran casamiento,
tiende la red lisonjera.
De este mañoso edificio,
la primera baja sea
conservar la buena fama
de castísima doncella,
la virtud y honra delante;
porque así a su sombra puedas
envolver un favorcillo,
dos palabras, cuatro letras.
Aquí el recibir no es mancha
que la virtud nos afea;
gracia es tomar si se hace
con donaire y gentileza.
A cuantos te pretendieren
es razón que favorezcas
con tanta astucia que duden
si es amor el que les muestras.
Suele un semblante apacible
engañar al que desea;
da esperanzas, pero tales
que presto se desvanezcan.
Cuando algún rico galán
a tu propósito veas
herido ya del amor,
hasta las plumas la flecha
envida con casamiento,
y si se retira, deja
de escucharle; un ventanazo
le pique más o divierta.
A nadie tengas amor,
porque estando libre puedas
a tu mano levantarte

y ser lince en las cautelas.
Muchos quieren engañar,
y la pobrecilla necia
que en lazos de amor se halla,
rendida al engaño queda.
Ese Carlos que ha venido,
según dice, el alma llena
de esperanzas y de amores,
mira que es pobre. Huye, tiembla.
¿Cuartana me da en pensarlo?
Ni de burlas, ni de veras
le escuches; que amor de un pobre,
voz traidor es de sirena.
Yo, mi hija, me [he] fingido
sorda aquí, y es bien que entiendas
la causa. No es sin misterio
que sorda y devota sea.
Si una madre es algo esquiva
y sus hijas guarda y cela
sin permitir que les digan
una palabrilla tierna,
luego dicen los mozuelos
que como zánganos cercan
esta miel de la hermosura:
«Sierpe se finge la vieja,
todo es arte, ya entendemos.
¡A fe que si el oro viera
que más blanda se mostrara.»
Cánsanse y la empresa dejan.
Si la madre es apacible
y no se espanta ni altera
de que digan sus deseos
y honradamente pretendan,
luego dicen: «¡Oh qué madre!

                    Para obispo ha de ser buena.
                    ¡Oh qué mitra de papel
                    previenen a tu cabeza!».
                    Disfámase con aquesto,
                    y da ocasión que se atrevan
                    a querer más que favores
                    los que a sus hijas pasean.
                    Buen remedio, sorda soy,
                    y a su encanto las orejas
                    tengo como áspid tapadas;
                    hablen, pidan, penen, mueran.
                    Los libros de devoción
                    serán de mi honor defensa;
                    que los hipócritas hoy
                    el mundo tras sí se llevan.
                    Mostraré de cuando en cuando
                    la condición zahareña,
                    con esto no me disfaman
                    ni de pretender se alejan.
                    Sorda seré a sus intentos;
                    bien oiré cuando convenga.
                    Advertiréte de todo
                    con mi prudente cautela,
                    Todo el mundo es trazas, hija,
                    ¿quién no finge? ¿Quién no inventa?
                    Los astutos enriquecen
                    y los modestos no medran.

Ángela   Atentamente he escuchado
                    tu lección, pero me enseñas
                    una bárbara doctrina
                    que aun no la saben las fieras.
                    Dices que no tenga amor;
                    leyes injustas ordenas

contra la razón del alma
que al mismo Amor se sujeta.
¿Qué discurso es poderoso
contra las divinas fuerzas
de Amor? ¿Cuándo no es vana
nuestra mortal resistencia?
Aman los brutos, y amor
simples palomas nos muestran
cuando el aliento se hurtan
con los picos y las lenguas.
La tórtola en verdes ramas
con arrullos ama y cela,
y si ha perdido el amante,
gime siempre en ramas secas.
Los músicos ruiseñores
que cantan con diferencias
no articulados motetes,
¿quién, si no Amor, los gobierna?
Las cosas inanimadas
aman también, que la hiedra
ama al fresno, al olmo verde
ama la vid opulenta.
Con recíprocos amores
las altas palmas engendran
unos pálidos racimos
dentro de pardas cortezas.

Madre   Esas son bachillerías
que aprendes en las comedias.
No irás más a los teatros;
que eres presumida y necia.
Ama al oro. Ama a tu madre.
Ama la virtud honesta.

Ángela (Aparte.) (¡Ay, Carlos! ¿Cómo es posible
no querer hasta que muera?)

(Salen Alejandro, Luis, don Diego y Carlos.)

Luis La licencia que da la cortesía
y proceder urbano de esta casa
nos ha puesto osadía
para entrarnos ansí.

Ángela Fueran ingratos,
los que no lo hicieran, al deseo
que mi madre ha tenido de serviros.

Madre Bien dice aquél proverbio: que está el lobo
en la conseja. Agora en este punto
yo y Angelica hablábamos de todos.

Diego Pues, ¿hay en qué serviros?

Madre Le reñía
a esta muchacha porque trae diamantes;
que no son las sortijas de doncellas,
pues que señales son del matrimonio.
Y en aqueste propósito decía
que en viniendo los tres, os suplicara
le rifárades ésta. Muestra, niña.

(Tómale una sortija.)

Carlos Por tocar un anillo de tal mano,
todos lo rifarán.

Alejandro Y yo el primero.

Carlos	Alejandro, señoras, nuestro amigo viene a ofrecerles por criado vuestro. Llega, Alejandro.
Alejandro	Vuestras manos beso.
Madre	¿Y se llama Leandro? Enamorado está obligado a ser con ese nombre.
Ángela	Alejandro se llama, no Leandro.
Madre	Liberal ha de ser si es Alejandro.
Carlos	Vengan los naipes, pues.
Ángela	Trae naipes. ¡Hola!
Diego	¿Y en cuánto ha de rifarse, mi señora?
Madre	¿Qué me lo habéis de dar? Quien lo ganare haga su voluntad.
Ángela	No dicen eso.
Luis	¿En cuánto ha de rifarse?
Madre	Él ha costado... ¿Cuántos escudos, Ángela? ¿Cuarenta?
Diego	Pues, rífese en cincuenta.
Madre	¡En ciento basta!
Diego	No hay sordo que oiga mal en su provecho.

                        En cincuenta decimos.

Madre   Todo es vuestro.

Alejandro (Aparte.)   (¡Qué divina mujer! ¡Qué bellos ojos!
                        Mi corazón es cera; fácilmente
                        se da al hermosa objeto
                        cuando su proporción amable siente.
                        Confieso mi flaqueza,
                        confiésome indiscreto;
                        mas no niego que puede esta belleza
                        rendir los corazones, no de cera,
                        de bronce inculto. De una airada fiera
                        refrene la razón. ¡Locos antojos!
                        ¡Qué divina mujer! ¡Qué bellos ojos!)

Carlos (Aparte.)   (Válgate Dios, amén, por casadilla!
                        Olvidarla no puedo.
                        Pensaba que con ver a Ángela hermosa
                        las especies borrara
                        que en la memoria conservé dichosa,
                        y a la luz de su cara
                        desengañado quedo
                        de aquella competencia que en el alma
                        sentí dudosamente.
                        Isabela venció. Doyle la palma.
                        Hermosa es más la ausente.
                        ¿Si ya la novedad no maravilla?
                        ¡Válgate Dios, amén, por casadilla!)

(Sale Gómez con naipes.)

Gómez   Aquí tienen las horas, sus mercedes,
                        donde el oficio rezan al diablo.

	Cófrade fui en un tiempo;
	destruido me tienen sus figuras,
	que mil maravedís perdí en un año.

Diego   No fue mortal el daño.

Luis   ¿Cómo se rifará?

Carlos   Que el peor la pague
y habrá quínola sola.

(Pónense en un bufete a jugar.)

Alejandro   Jamás rifa gané. No vale mano.

Diego   La primera será si aquésta gano.

[Aparte la Madre y Ángela.]

Madre   Acero son tus ojos y los lleva
tras sí la imán de Carlos. Teme, hija,
que es como el árbol el amor del alma,
vara tierna al principio,
después árbol copioso en cuyos ramas
hacen nido las aves,
y el mar rompen osados.
Corta este amor con frágiles raíces.

Ángela   Señora, ¿qué me dices?
¿Aún mirar no me dejas?

Madre   Somos profetas las que somos viejas.

Diego   Cincuenta.

Luis	Flux.
Carlos	Primera.
Alejandro	Veinticinco. Páguela yo en efecto. Es evidencia, si juego, he de perder, y más si es rifa.
Madre	¿Quién la ganó?
Luis	Quien volverá a su dueño la piedra que, excedida en hermosura, ufana está en su mano. (¡Dichoso yo si gano la voluntad con ella del cielo de quien es cándida estrella!) A vuestra mano vuelve el diamante que ya la luz perdía.
Ángela	No lo recibiré, por vida mía.
Madre	Rapaza, no seas necia. ¿No ves que es grosería? Los caballeros usan dar las rifas y el tomar no se excusa. Acaba.
Ángela	Pues, si se usa...
(Tómala.)	
Alejandro	Aquí, señora, van cincuenta escudos dichosos más que el dueño que tenían.

Ángela	Que perdiésedes, cierto me ha pesado. Ya tengo yo el diamante; servíos, Alejandro, del dinero.
Madre	Rapaza, no seas necia. ¿No ves que es grosería? Los caballeros usan pagar rifas, y el tomar no se excusa. Tómalos.
Ángela	Pues, si se usa...

(Toma el bolsillo.)

Diego (Aparte.)	(Sin haberla perdido, estoy picado.)
Gómez	¿Los naipes?
Alejandro	Jugaremos.
Gómez	¿El barato de los naipes?
Luis	Juguemos.
Gómez	¿Naipes?
Diego	¡Ea!
Madre	Alerta, hija mía, que enriquece en un día un juego de estos una casa honrada, si la del jugador deja abrasada.

(Pónense a jugar. Ellas se asientan en dos sillas y dejan una vacía en medio, que ha de haber tres, y la vieja está con un libro leyendo.)

Ángela (Aparte.)   (Con una nueva tibieza
 hallo en Carlos la afición.
 Quiero hablarle, que es pasión
 de nuestra naturaleza.
  Ya tímidas, ya atrevidas,
 somos con varios extremos;
 queridas aborrecemos,
 y amamos aborrecidas.)
  Carlos.

Carlos   ¿Señora?

Ángela   Esta silla
 te espera.

Carlos   ¡Linda esperanza!

(Siéntase en la silla de en medio y lo mismo han de hacer todos [después].)

Ángela   Tu tristeza, tu mudanza,
 oh Carlos, me maravilla.
  Más alegre me mirabas
 y con más amor te veía.
 Mientras la culpa no es mía,
 sin duda que más amabas.

Carlos   Ángela admirada dejas
 el alma que te rendí.
 Siempre me quejé de ti,
 ¿cómo de mi amor te quejas?

(Como que está leyendo en voz alta.)

Madre «¡Oh, necia, loca atrevida,
que no tomas los consejos
de los padres y los viejos,
que son luces de la vida!
   ¿Por qué tu amor lisonjero
se abate ansí a la pobreza?
Ama, hija, la riqueza
de un esposo verdadero.»
   ¡Lindo libro! ¡Qué bien hace
discursos! Doblo la hoja.

Carlos ¿Con quién tu madre se enoja?

Ángela Cuando algo le satisface
   lee en voz alta.

Carlos   Si te oyó...

Ángela Si me oyera, me matara.
¡Jesús!

Alejandro   ¿Por qué no repara?

Carlos Suerte Alejandro ganó.

Ángela   ¿Quién es éste?

Carlos   Uno que tiene
una mujer de los cielos.

Ángela ¿Y proceden de esos celos
las tristezas con que viene?

«¡Una mujer de los cielos!»
¡Fue terneza y melodía!
¡Trocado estás, a fe mía!
Donde hubo amor, nacen hielos.

Carlos Dame nadie más cuidado.

Luis Más.

Carlos Quiero a ninguna más.

Diego Más.

Luis Más.

Carlos ¡Qué terrible estás!
¡Para mi amor...

Alejandro ¡Si ha parado...

Carlos ¿Trueco yo, o acaso niego?

Alejandro Una por otra.

Ángela ¿Has oído?
En mi causa han respondido.

Carlos ¿Es tu oráculo aquel juego?
Jugar quiero, y perderé
por no escuchar tus porfías.

(Levántase Carlos, y vase a jugar.)

Madre ¡Ah! ¡No llegues a mis días!

Ángela	Otra vez me enmendaré.
Alejandro	¡Los naipes! Nada han de dar. Soy gaitero desdichado. No hay dinero de contado.
Gómez	Pues, sáquenlo sin contar.

(Don Luis se retira del juego con una cadena de oro.)

Madre	Don Luis gana. Está advertida. Con pena nos has tenido, don Luis. Pues no has perdido, siéntate aquí por tu vida. Divierte un rato a Angelica porque no me estorbe a mí.
Luis (Aparte.)	(Amor después que la di la sortija, porque pica el dar como juego y celos.

(Siéntase en medio de las dos.)

                    Quizás, como soy llamado,
                    soy escogido.)

Ángela	Yo he estado con sobresalto y recelos no perdieses, y te había sortija y dinero ya prevenido, y todo está a tu servicio, ¡a fe mía!
Luis	Antes, señora, gané

	esta cadenilla.
Ángela	Es buena.
Luis	Tuyos son dueño y cadena después que tu Sol miré.

(Como que lee.)

Madre	«¡Lindo punto! Hija, no pase la ocasión.»
Luis	Que yo nací solo para amarte a ti ....[-ase] Vése claro, pues jamás supe de amor hasta amarte.
Ángela	¿Nunca amaste en otra parte?

(Leyendo.)

Madre	«¡Que lejos del punto vas! Oye, hija, vuelve al caso. Mira que yo no te entiendo.»
Luis	¡Con qué afecto está leyendo, alto una vez y otra paso!
Ángela	¿Cómo no ha de estar dudoso, que de amor el dulce efeto carece un hombre discreto, galán, mozo y dadivoso? Quien a mí, con ser doncella

| | de quien solo ser amado
puede sacar, hoy me ha dado
una sortija y tras ella
    esa cadena me ofrece,
¿qué no habrá rendido? |
|---|---|
| Madre | «¡Ansí!
Al punto vas por ahí!» |
| Luis | No rinde quien no merece. |

(Sale Roque y pónese a verlos jugar. subido sobre algo.)

| Roque | Tras mi señor he venido,
Baldovinos, que he sacado
por el rastro. Y si ha jugado,
rastro de sangre habrá sido.
   En la estacada está puesto;
desnuda tiene la espada,
y la cadena preciada
tiene por escudo y resto.
   La espada esgrime y baraja,
y su contrario ha parado.
Suertes blancas han tomado.
¡Más y más; que hiende y raja!
   ¡Oh, qué sota! ¡Oh, qué herida!
¡Que le han dado por la cara!
¡Vive Dios, que la repara
¡Caballo! ¡Troya es perdida! |
|---|---|

(Al decir «caballo» es con un grito.)

Diego	¿Quién da voces?

Alejandro	De esa suerte loco estás, siendo mi azar, si acaso me ves jugar.
Roque	Y cuando pierdes sin verte, ¿qué azar hay?
Gómez	No se nos meta Sancho Panza a esta aventura.
Roque	Pensé que eras la figura que quitan a la carteta.
Gómez	Figura y caballo soy pues que me da pesadumbre un lacayo.
Roque	Medio azumbre hará la paz.
Gómez	Tras ti voy. Naipes.

(Vanse Gómez y Roque.)

Ángela	De mi voluntad poca retórica he sido, pues [con] ella [he] conocido, sin más arte, la verdad. Confieso que el cielo ordena que ame ya quien libre estaba, y en señal de ser tu esclava, comprar pienso una cadena, como ésa, que en mi cuello

                diga como tuya soy.

Madre   «¡Oh, qué bien!»

Luis   Si ésta te doy,
más vengo a ganar en ello,
  pues la señal será mía.

Ángela   Yo la estimo, pero sea
de modo que no la vea
mi madre. ¡Que me daría
  solimán!

Madre (Aparte.)   (Para la cara.)

Luis   Nueva invención es de amor
que el esclavo eche al señor
la cadena.

(Dale la cadena.)

Ángela   Cosa es clara
  que el señor es quien la da.
Finge que vuelves al juego.
Disimula.

Luis   Amor es fuego.
Mal encubrirse podrá.
  Con dicha a esta casa vengo
si en ella misma gané
oro y amor, piedra y fe.

(Levántase y vuelve a jugar y don Diego se retira del juego con una cadena grande, [la] de Alejandro.)

Ángela (Aparte.)	(¡Víctor madre! ¡Ya la tengo!)
Alejandro	¿Os levantáis? ¡Vive Dios, que es vil quien juega y soez!
Diego	Quiero ganar una vez.
Carlos	Ya no jugamos los dos!

[A Ángela.]

Madre	La cadena de diamantes gana don Diego. Ésta es presa importante.
Ángela	Armo, pues, dos conceptillos amantes.
Madre	A dos capítulos llego, de grande gusto, mas ésta me divierte y me molesta. Entreténla aquí, don Diego.

(Siéntase en medio.)

Diego	Hoy estoy de dicha. Amor, prósperos fines ordena. Fortuna me dio cadena, dame tú alegre favor.
Ángela	¡Jesús, qué desasosiego! ¡Qué inquietud y qué agonías, temerosa que perdías, padecí este rato!

Diego
                    Luego,
¿cuidado te dio, señora,
mi pérdida o mi ganancia?

Ángela
                    No es lisonja, ni es jactancia.
A mi madre dije agora:
  «Madre, si don Diego pierde,
mis joyuelas le he de dar
porque se pueda esquitar
y porque de mí se acuerde».
  Pero quiso Dios, que es bueno,
alegrarme en tal mal rato.

Diego (Aparte.)
                    (Esto es pedirme barato.
En diez doblas me condeno.)
  Ángela tus oraciones
dado mis ganancias han.
Si el diezmo a la iglesia dan,
recibe estos diez doblones.

Ángela
                    ¿Diez doblones? ¡Ah, don Diego!
¿Barato he de recibir
de quien tengo de servir?
¡A qué poca estima llego
  contigo! Doncella soy;
con madre celosa vivo.
Solamente amor recibo,
y amor solamente doy.
  Sabe el cielo que quisiera
tener que darte un tesoro,
que sin piedras y sin oro
rica con amarte fuera.

Diego
                    Ángela, a tantas mercedes,

| | ¿qué te puedo responder?
Tu esclavo eterno he de ser.
Herrarme la cara puedes;
  mas antes que se me olvide,
no soy a tu madre ingrato.
Quiero darle este barato.
¡Ah, señora! |
|---|---|
| Madre | ¿Quién me impide? |
| Diego | Voluntad buena me excusa.
Toma. |
| Madre | Nada he de tomar. |
| Ángela | Caballeros usan dar barato. |
| Madre | Pues, si se usa... |
| (Tómalo.) | |
| Alejandro | ¡Ah, socarrona maldita!
¡Vieja engañosa infiel!
¡Estafadora cruel
que las haciendas nos quita!
  ¡Ah, sota, yo te maldigo!
Siempre tu azar me mató. |
| Madre (Aparte.) | (¡Qué sobresalto me dio!
Pensé que hablaba conmigo.) |
| Ángela | ¿Irás, tierno enamorado,
y a tu dama le darás |

	la cadena, y le dirás:
	«¿Ésta en tu nombre he ganado?»
Diego	No tengo dama, a fe mía.
Ángela	Si eso fuere ansí, felice
	quien su voluntad te dice.

(Leyendo tres versos.)

Madre	«Siempre venció la porfía.
	Duro es el monte y se ablanda
	a las uñas de las fieras.»
	¡Oh, si este libro leyeras!
	¡Qué buenas cosas nos manda!
Ángela	Como es joya de mujer
	más que de hombre esa cadena,
	alguna dama no buena
	luego te finge querer.
	Tú, que no eres zahareño,
	consideras que es ganada,
	dásela, queda obligada,
	tú con dama y yo sin dueño.
	¡Ah, don Diego! ¡Nunca yo
	venido a Madrid hubiera!
Diego	No es cadena que la diera
	tan fácil.
Ángela	Quien la ganó
	nada pone de su casa,
	y más tú, que liberal
	eres a Alejandro igual.

Madre	«No pienso yo que eso pasa.»
Diego	Solo es tuya, que con esto los diamantes son felices.
Ángela (Aparte.)	¡Qué tibiamente lo dices! No aceptaré. (Envido el resto.) Haz, por tu vida, una cosa. La palabra me has de dar que la tienes de guardar para dársela a tu esposa cuando te cases.
Diego	La doy.
Ángela	Eres blando y lisonjero. Ahora bien, guardarla quiero; tu depositaria soy. Ni la has de dar, ni jugar; ni escritorio ha de tenella.
Diego (Aparte.)	(Hoy salí con buena estrella; esto sin duda, es amar.)
Ángela	En tanto que te casares y tu boda se concluya, en memoria de que es tuya,

(Vase quitando la cadena.)

    idolotrados altares
     serán estos eslabones,
    y quien el alma te da
    mejor te la volverá.

	En buena parte la pones.
Diego	Si el alma que es más preciosa tienes allá de amor llena, segura está la cadena.

(Dásela.)

Ángela	Cosa es clara.
Madre (Aparte.)	(Es clara cosa.)
Luis	Sobre palabras no juego.
Alejandro	Mi palabra vale más que el oro de otros.
Luis	Estás de enojo y cólera ciego.
Alejandro	Sea enojo o lo que fuere, mi palabra es de más precio que tu caudal, y es un necio el que otra cosa dijere.

(Vase sin cintillo en el hombro.)

Carlos	Yo, solo el cintillo gano con toda aquesta mohina.
Luis	Tu casa es cosa divina; en ella no meto mano. Vendré, mis señoras, luego.

Carlos	¡Linda quimera, por Dios! No habréis de reñir los dos.

(Vase don Luis.)

Ángela	Más es su amigo don Diego, Carlos, espera. Él irá. ¡Corre, don Diego!
Diego	El perder le disculpa.

(Vase don Diego.)

Ángela	¿Es su mujer la que llamándote está?
Carlos	De tu error me maravillo. ¿A eso vuelves?
Ángela	Sí, que veo en ti un ardiente deseo de gozar este cintillo solo porque es del marido de la «mujer de los cielos».
Carlos	¡Oh, qué impertinentes celos!
Ángela	Celos no, codicia ha sido.
Carlos	El cintillo y todo el oro del mundo estimo yo en eso.

(Arroja el cintillo y vase.)

Ángela   Carlos, oye.

Madre   Este suceso
                  vale para mí un tesoro.

(Levántalo la Madre.)

Ángela   Escucha.

Madre   ¡Qué necia amante!
                  ¡Déjale!

Ángela   Tu fe es muy poca,
                  Carlos.

Madre   ¡Ángela, estás loca!

Ángela   ¡Qué terrible!

Madre   ¡Qué ignorante!

(Vanse. Salen Alejandro y Roque.)

Alejandro   ¿Nos siguen?

Roque   Persona alguna
                  parece y en casa estás.

Alejandro   ¿Has visto, Roque, jamás
                  tal estrella, tal fortuna?
                    ¿Qué adversos astros serán
                  éstos que al fuego me inclinan,
                  y rigor me determinan?

Roque   Las estrellas de Vilhán.
    Solo sé, y ando acertado
que el tahúr necio o astuto
es el animal más bruto
que en el campo ha rebuznado.
    ¿Qué mono en agua ha caído,
donde se pudo ahogar
porque no sabe nadar,
que un charco no haya temido?
    ¿Qué mula dio un tropezón,
o cayó en un hoyo acaso,
que no huya de aquel paso
con mulesca discreción?
    ¿Qué borrico adelfas come
y dolor de tripas tiene,
que si a ver adelfas viene,
en su boca asnal las tome?
    ¿Qué zorra, mi prima fiel,
en un gallinero entró,
donde muerta se fingió,
que vuelva otra vez a él?
    No hay bruto que no escarmiente
de una vez, y el jugador,
como obstinado en su error
su daño mismo no siente.

Alejandro   Dices bien, y tanta ha sido
en esto mi obstinación,
que solo me da pasión
que del juego me he venido.

Roque   Pues, volverse en conclusión.

Alejandro	Qué jugar no queda, ¿cómo?
Roque	Si como te hiciste momo

te hubieras hecho bufón,
  vestido y dientes quedaban.
Soldado me has parecido
de agua dulce, que ha venido
donde sus padres estaban.
  Sale con plumas brioso
y hundiendo casi la tierra,
dice: «¡A la guerra, a la guerra!».
Galán, soberbio y furioso
  piérdese de mal pagado,
vuelve y camisa no tiene.
Dícenle: «¿De adónde viene?».
Responde muy mesurado:
  «De la guerra.» De este modo
saliste de joyas lleno,
hecho un Narciso o Vireno,
cuello y puños a lo godo.
  Daban los diamantes llamas,
y al brillar sus luces vivas,
soberbio dijiste que ibas
a jugar y a matar damas.
  Ya si llegan a saber,
como pensativo estás,
de adonde vienes, dirás:
«De jugar y de perder.»

Alejandro	Roque, basta, que no soy mármol.

(Sale Isabela.)

Roque   Mi señora sale.

Alejandro   ¿Qué vergüenza hay que se iguale
                          a la que sintiendo estoy?

Isabela   Mi señor, ¡estás aquí
                          y avisar no mandarás?
                          ¿Cómo vienes? ¿Cómo estás?
                          ¿Qué tristeza es ésta? Di.
                          ¿Traes salud?

Alejandro   Señora, sí.

Isabela   ¿Y honra?

Alejandro   También.

Isabela   Di la suerte:
                          ¿qué mal puede haber tan fuerte
                          que turbe nuestras acciones
                          si faltan las dos pasiones
                          que abren camino a la muerte?

Alejandro   Vengo sin joyas.

Isabela   Señor,
                          no es caso tan riguroso
                          que en ánimo generoso
                          deba engendrar tal dolor.
                          Joyas tengo de valor.
[A Roque.]   Pide el cofrecillo luego.
(Éntrase Roque.)   Vuelve, si gustas, al juego,
                          porque si en esto consiste
                          el dejar de estar tan triste,

	quiero comprar tu sosiego.
Alejandro	Amor te debo, y finezas no ordinarias, mi Isabela. Tu buen ánimo consuela mis errores y tristezas.
Isabela	No te daré las riquezas que se escriben del rey Midas, pero joyas guarnecidas de infinita voluntad.
Alejandro	Pase, Isabela, tu edad el término de las vidas.

(Sale Roque con un cofrecillo.)

Isabela	Esta rosa de diamantes, y estos dos apretadores puedes tomar, y estas flores a mi afición semejantes. Toma esta cintura.
Alejandro (Aparte.)	(Amantes, envidiad tan grande amor.)
Roque	¿Cómo lo tomas, señor?
Alejandro	Picado estoy, y porfía mi estrella.
Roque (Aparte.)	(¿Qué cortesía no estragará un jugador?)

Alejandro	¡Ah, Roque! Con tu licencia, esta rosa has de llevar
(Aparte.)	a Ángela (que al jugar y al perder en su presencia, sentí de amor la violencia.) Descortés salí.
Roque (Aparte.)	(¿Esto pasa?
Alejandro	Di que el perder en su casa fue ganar.
Roque (Aparte.)	(¡Qué desvarío!)
Alejandro	Y ansí en barato le envío flores que su Sol abrasa. Cúbrela, que no la vea Isabela.
[A ella.]	Adiós, señora, yo vuelvo dentro de una hora, que el alma veros desea. ¿Qué fortuna habrá que sea contraria a joyas que dio un amor que igual no vio?
(Vase.)	
Isabela	Dime, Roque, una verdad. ¿Fue fineza o necedad, ésta que agora hice yo?
Roque	Necedad, y la mayor que una burra prieta ha hecho.

Isabela	Quise sosegar su pecho.
Roque	¿Joyas das a un jugador?
Isabela	Yo no las di, sino Amor.
Roque	Pues, yo del agua vertida
tengo la media cogida.
Guarda, Isabela, esta rosa,
y no lo sepa, que es cosa
que me costara la vida.
(Vase.)	
Isabela	Al pacífico mar su leño entrega
marinero feliz, y en salvamento,
a pesar de las aguas y del viento,
coronado de flámulas navega.
Otro se atreve al mar, y apenas llega
cuando sufre el rigor de este elemento.
Tal es a la mujer el casamiento;
una se salva en él, otra se anega.
Vívese en paz y amor cuando hay ventura,
mas cuando el hado con rigor porfía,
¿qué pueden la virtud y la hermosura?
No sé qué tal será la suerte mía;
sé que dice el proverbio: «Poco dura
en casa del tahúr el alegría».

Fin de la primera jornada

Jornada segunda

(Salen Alejandro y Roque.)

Alejandro   ¿Cuándo al riguroso hado
             que los astros determina,
             lastimará la ruina
             de mi paciencia y estado?
             Cielo hermoso, cielo airado,
             ¿No he de mirar vez alguna
             el rostro de la Fortuna
             benigno en las cosas mías?
             Aun tú eres cielo y varías
             los afectos de la Luna.
               ¡Ah, juego! Tu mal eterno
             mis desdichas hace iguales.
             Tres máquinas dio, infernales,
             contra el hombre el cruel infierno
             en este tiempo moderno:
             duelo dio contra el honor;
             contra la vida, el furor
             de la pólvora estupenda;
             y naipes contra la hacienda,
             que fue la furia mayor.

Roque   ¿Siempre has de ser Jeremías,
             siempre llorar y perder?

Alejandro   Juramentos he de hacer
             de no jugar en mis días.

Roque   Un ladrón de esa manera,
             después que por varios casos
             daba los últimos pasos

        que son los de la escalera,
         cuando ya el verdugo estaba
        ¿Arrójolo...? ¿No lo arrojo...?,
        con piedad o con enojo
        de esta manera juraba:
         «Cielo, de luz escogida,
        amparadme en este aprieto,
        que yo os juro y os prometo
        de no hurtar en mi vida.»
         Ansí, señor, tu jurar
        vendrá a ser como este cuento,
        pues haces el juramento
        cuando ya no hay qué jugar.

Alejandro	¡Ay, Roque! En tantas fatigas aun me queda algún consuelo.
Roque	¿Y es?
Alejandro	El ángel de mi cielo. Bien es que otra vez me digas qué dijo al tomar la rosa de diamantes que le diste. ¿Mostró el rostro alegre o triste? ¿Te pareció muy hermosa?
Roque	Agora se me ha ofrecido remedio para quitarte el jugar; tan buen arte, de un albéitar la he aprendido. En dos distancias iguales dicen que si al asno pones de paja iguales porciones, son sus ganas tan bestiales,

              que ignorando a cuál irá,
              se estará indeterminado
              sin poder comer bocado
              de una ni otra. Así estará
                tu inclinación con sosiego.
              Pondrémoste en una parte
              una mozuela del arte,
              y de otra tablas del juego.
                Tú, a ambas cosas inclinado,
              ya Vilhán y ya Narciso
              te quedarás indeciso,
              ni tahúr ni enamorado.

Alejandro   A ser bufón te condeno.
              De tus locuras me río.

Roque   ¿Tan necio soy y tan frío
              que para bufón soy bueno?
                ¿Por qué agora...?

Alejandro   Háblame antes
              de Ángela.

Roque   Hecho, señor,
              tu pajecico de amor,
              le di la flor de diamantes,
                y con mucha cortesía
              la tomó, dando a entender
              que aunque es honesta mujer,
              que te amaba y te quería;
                que no ha visto en hombre agrado
              que más a su gusto cuadre;
              mas que tendrá, por su madre,
              este amor disimulado.

	No ha de hablarte en su presencia,
	y también se ha de enojar
	si vuelves más a jugar.
	Ésta es, señor, la sentencia.
(Aparte.)	(¡Sáqueme Dios de este enredo
	con mi cara entera!)

Alejandro   En algo
diré ya que mucho valgo,
y llamarme feliz puedo.,
 No había de ser en todo
desdichado; si hoy apenas
vi sus ojos, ¡oh sirenas!,
y me quiere de este modo.
 Antes, con descortesía,
yo de su casa salí...

Roque   Sin duda perdiste allí
con donaire y gallardía
 y éste su flechazo fue.

Alejandro   Un papel le he prevenido,
que después de haber perdido
con este me despiqué,
 y lo has de llevar.

Roque (Aparte.)   (Aquí
mi mentira ha de ir creciendo,
pero sus joyas defiendo
llueva o nieve sobre mí.)

(Dale el papel.)

Alejandro   Roque, el vestido bordado

	de Isabela en mi aposento tengo escondido, que exento solo del juego ha quedado. 　Sin ser visto, entra por él y a doña Ángela lo lleva, Dafne de estos siglos nueva más hermosa y más cruel.
Roque (Aparte.)	(¿Hay perdición como aquésta? No se lo pienso estorbar porque no le he de llevar.)
Alejandro	Y no vengas sin respuesta.
Roque (Aparte.)	Yo la traeré. (Mas notada de mi ingenio lacayuno.)
[Vase.]	
Alejandro	Amor, desde hoy importuno tu templo y ara sagrada. 　Mi amor será sin igual y, ¿qué mucho que si el juego me hizo pródigo y, ciego, me hagas tú liberal.
(Sale Isabela.)	
Isabela	Alejandro, mi señor, no viváis con inquietud; que perderéis la salud que es la pérdida mayor. 　Turbar las horas del día, dormir poco y comer tarde

	no es regla con que se guarde
vuestra vida que es la mía.
No lloro mi soledad,
mi propio daño no siento;
que es de vuestro entendimiento
esclava mi voluntad.
Alejandro	¡Ángela, tantos agravios!
Isabela	¿Ángela soy? No es bien hecho
que el ángel que está en el pecho
salga por yerro a los labios.
Y si en él, dos se reciben,
entre yo a tan dulce unión,
porque es cielo el corazón
donde los ángeles viven.
Alejandro	¿Llamarte Ángela es tormento?
Isabela	Ángel de pena seré
porque de gloria yo sé
que ni la doy ni la siento.
Alejandro	Déjame ya de enfadar.
Dame de comer, que vengo
con grande gana.
Isabela	No tengo
cosa que poderte dar.
Alejandro	¿Cómo no?
Isabela	Pues que dinero,
vestido, joya ni plata

                        dejaste.

Alejandro   ¡Mujer ingrata,
                        que finge amor lisonjero!
                         ¡Vive el cielo que te mate
                        la cólera con que vengo.

(Mete mano a la daga.)

Isabela   ¿Qué he de hacer si no lo tengo?

Alejandro (Aparte.)   ¡Buscarlo! (¿Qué disparate
                         no ha de hacer un jugador
                        hambriento y desesperado?)

Isabela   ¿Daga para mí has sacado?
                        ¿Esto es honra? ¿Esto es amor?
(Vase.)   Escuchad mis querellas,
                        imágenes hermosas de los cielos,
                        si escuchan las estrellas
                        desdichas de mujer que llora celos,
                        desdén, olvido, engaños,
                        en el abril florido de sus años.
                          Hermosísima Luna
                        que tres veces al mes mudas semblante,
                        la voz oye importuna
                        de una simple mujer, tórtola amante
                        de un ingrato marido
                        que en menos tiempo más mudable ha sido.

(Sale Marcelo y quédase a la puerta escuchando.)

                          Mísera yo, engañada,
                        avecilla inocente que cautiva

| | en la red marañada
| | en eterna prisión mientras que viva,
| | en vez del dulce canto
| | mis músicas serán penas y llanto.
| | Daré a los elementos
| | materia con dolor y sin sosiego,
| | suspiros a los vientos,
| | mis lágrimas al mar, mi amor al fuego,
| | y a las arenas pías,
| | pálidos huesos y cenizas frías.

Marcelo   Isabela, señora,
                consuelo de mi edad, serena el llanto.
                El alba es la que llora,
                que no el cándido Sol del cielo santo.
                La nube es la que llueve,
                el cielo no, que en círculos se mueve.
                  Serena, pues, los ojos,
                soles hermanos y animados cielos,
                y dime tus enojos.

Isabela   Alejandro, señor, tras darme celos,
                jugar joyas y plata,
                vestidos y dineros, mal me trata.
                  Con el desnudo acero
                me pidió de comer, no lo tenía,
                que aun yo de hambre muero.
                Que los «buscase» dijo, ¡oh, tiranía!
                ¡Palabra vil, infame!
                ¿Que me manda el honor que ansí la llame!
                  ¿Qué más, señor, dijera
                un hombre sin honor, que al ocio y gula
                se entrega, de manera
                que a su incasta mujer le disimula

	vivir libre, y consienta
	el invisible peso de la afrenta?
Marcelo	No llores, hija mía,
	la pródiga pasión de aquel ingrato.
	En mis riquezas fía.
	El fénix te traeré para tu plato,
	y sus rosadas alas
	servirán de penachos en tus galas.
	Las joyas más subidas
	de humana estimación guardadas tengo.
	Seré un segundo Midas,
	racimos de diamantes te prevengo,
	y para tu tesoro
	dará perlas el mar, los montes oro.
	Más galas y hermosura
	el mayo no tendrá cuando desata
	la nieve helada y pura;
	rosas de sangre da, y lirios de plata
	y en las flores suaves
	beben aljófar las pintadas aves.
	Ni el pavón envidioso
	que diadema de rey le da osadía,
	y al fénix más hermoso
	en esferas de pluma desafía,
	velando a sus espaldas
	cien ojos de jacintos y esmeraldas.
(Dale un bolsillo.)	Estos escudos toma
	y prevénle un espléndida comida.
	Tu sentimiento doma
	alegre has de mostrarte. Está advertida
	que joyas traerás bellas,
	mas no sepa que soy el dueño de ellas.
	Las bárbaras razones

           que te dijo, remedio han descubierto
           de enmendar sus acciones.
           Los celos del honor, es caso cierto,
           remediarán el daño,
           y a mi cargo estará su desengaño.

(Sale con un vestido Roque.)

Roque   Encierra, mi señora,
           este vestido donde no lo vea.

Marcelo   ¿Llevábasle tú agora
           para jugarlo?

Roque   Sea lo que sea;
           que no seré yo cuerdo
           si la cadena de diamantes pierdo.
            Restaurarla imagino
           porque tú la estimaste.

Marcelo   Es buen criado.
           Tú me has de abrir camino
           para ver a este pródigo enmendado.

Roque   Yo, señor, lo quisiera
           para ver si matamos la ternera.

(Vanse. Salen Carlos y Domingo.)

Carlos   No estaban en su casa
           don Diego y don Luis.

Domingo   Salido habían.

Carlos	En casa de don Pedro podrán estar jugando. Sube y mira si hay juego. Pero espera, que yo quiero subir.
Domingo	Aquí te aguardo.

(Vase [Carlos]. Salen don Diego y don Luis.)

Diego	Si estuviere Alejandro en casa de don Pedro, ¡por mi vida!, que le tienes de hablar.
Luis	De buena gana, que no llegó su cólera a palabra que el hablarle me impida.
Diego	Veremos a doña Ángela.
Luis	Es temprano. Si juegan en la casa de don Pedro, jugaremos un rato.
Diego	¿Está aquí tu señor?
Domingo	Buscándoos vino.

(Sale Roque.)

Roque (Aparte.)	(Vi pasar a don Diego y sin aliento llego.) Una palabra, don Diego, mi señor.
Diego	¿Qué quieres Roque?

Roque   Marcelo te suplica
                 que le des la cadena de diamantes,
                 tomando su valor en oro o plata
                 porque era de su gusto.

Diego   Luego al punto
                 que la gané, la di a cierta señora
                 a que ella la guardase, y grosería
                 parecerá el pedírsela tan presto.
                 Yo haré lo que me manda,
                 pasando algunos días.

(Vanse Luis y Diego.)

Roque (Aparte.)   (¿Luego al punto
                 a señora la dio? Pues que me maten
                 si no la tiene aquella sevillana
                 cuya figura representa roque
                 en los amores de Alejandro. Quiero
                 esperar a que baje de esta casa
                 para darle un papel muy lisonjero
                 de doña Ángela... no, de su escudero.)

Domingo   Acaso, sor galán, ¿está su dueño
                 jugando en esta casa?

Roque   O juega o mira.
                 ¿De adónde es, so galán?

Domingo   Soy de Sevilla.

Roque   ¿Y tiene amo tahúr?

Domingo   Aquí le aguardo

| | con ganas de hugar veinte reales |
| | que me comen aquí. |

Roque   Rascarlos quiero.
                    Yo tengo naipes, que estos son percances
                    de aquellos que servimos a tahúres.

Domingo   ¡Vaya para roín el gran diablo!
                    Y pues huegan, huguemos.

(Quítase la capa Roque y pónela para jugar encima y quítase el sombrero y espada.)

Roque   Esta capa ha de ser el sobresuelo
                    pues que no puede ser la sobremesa.

Domingo   Aquí me siento yo.

Roque   Siempre acostumbro
                    jugar cómodamente. Espada mía,
                    guardad este sombrero.

Domingo   ¿A qué se ha de jugar?

Roque   Al parar llano.

Domingo   Alcemos por la mano.

Roque   Una sota.

Domingo   Un caballo; el naipe es mío.
                    Pare con mucho brío.

Roque   Correr y pararse cuatro reales.

Domingo   Un as y un siete. La de Guadalupe, encamine estos bueyes.

Roque   As.

Domingo   Perdílos.
                     Hágome momo.

Roque   Hágase diablo.

Domingo   ¿Qué me para?

Roque   Otros cuatro.

Domingo   Dos y caballo. ¡Arre acá, Babieca!

Roque   El niño entre dos palos. ¡Oh Cupido!

(Va ganando Roque y juntando el dinero que se vea bien.)

Domingo   Otros cuatro he perdido.

Roque   ¡Hágase momo más!

Domingo   Hágome momo.

Roque   Pues, los ocho le paro.

Domingo   Siete y cinco.
                     Quinas de Portugal, vendréis un día.

Roque   Ya yo he visto la mía.

Domingo   También ésta perdí.

| Roque | Mas si ganase
al paso que Alejandro va perdiendo... |

| Domingo | Hasta hacer una suerte el naipe es mío. |

| Roque | Ocho reales. |

| Domingo | Rey y tres. Felipo,
ven con tu espada aquí. |

| Roque | ¡Gran pie de perro,
ocho reales! |

| Domingo | ¡Vive Dios, no sufra
tantas desdichas el mayor cornudo! |

(Arroja los naipes Domingo detrás de Roque y él se levanta a cogerlos y entretanto [Domingo] le lleva capa, espada, dineros y sombrero.)

| Roque | ¿Coléricas, no habiendo más barajas,
mi señor sevillano? Poco a poco
los naipes cogeré esta vez, mas otras
los coja un sacaporras;
que a fe que juega con tahúr, que sabe
perder el Sol que sale y se pone.
Párame largo, esquitaráse presto.
¡Ah, señor sevillano!
¡Ah, señor andaluzo, es burla! ¡Acaba! |

(Anda Roque entrando y saliendo, buscando.)

¡Ah, borracho lacayo, rascamulas,
que no limpiacaballos!
Hecho me deja un Juan Paulín en cueros.

                        ¡Ay, de vosotros! ¡Ay, capa y espada,
                        mi sombrero y dineros!
                        ¡Un albís me dejó el de la hugada!

(Sale Alejandro.)

Alejandro   No hay hado ni fortuna,
                        ni dicha ni desdicha en este mundo.
                        Es juicio de los cielos
                        este rigor profundo
                        que mi vida importuna
                        en justos paralelos.
                        El bien y el mal, en mérito y castigo,
                        se dan al malo y bueno.
                        Mi hacienda perdí ya, juego enemigo,
                        y sobre mi palabra
                        agora perdí más. Yo me condeno
                        a que la tierra sus gargantas abra.
                        ¡Oh, Roquillo! ¿Aquí estás?

Roque   ¡Vaya, un partido!
                        Los dos para los dos. Vengan pelotas.
                        ¡Jugar! ¡Venga! ¡Ya va! ¡Falta! ¡No es falta!
                        ¡Choza, muchacho, allí! ¡Vale! ¡Lo quiero!
                        ¡Pelotas! Oh, qué floja! ¡Envida, envida!

(Hace que hincha la pelota.)

                        ¡Chis, chis! ¡Cómo está buena!
                        ¡Jugar! ¡Qué bien! ¡Tener quince! ¡No es quince!
                        ¡Señor don [Berenjena], una atraviesa
                        sacó la vuestra! ¡Primo con vusía!
                        ¡No quiero atravesar, por vida mía!

Alejandro	¿Estás borracho o loco?
Roque	Todo.
Alejandro	Dime, ¿qué haces?
Roque	¿No lo ves?
Alejandro	¿La capa?
Roque	Pesa. ¿Qué jugador has visto de pelota que sombrero ni capa tenga encima?
Alejandro	Dime, Roquillo, ¿cómo estás en cuerpo?
Roque	Dormíme en ese poyo y llegó Caco.
Alejandro	Pesado sueño fue.
Roque	¡Y pesada burla!
Alejandro	¿Y en mi negocio, te has dormido?
Roque	Grullo he sido vigilante.
Alejandro	¿Traes respuesta?
Roque	¡Y cómo que la traigo!
Alejandro	¡Ah, Roque, amigo! Como estoy sin cadenas y sin joyas,

                        a vistarla no me atrevo. Vióme
                        galán la vez primera.
                        Agora, ¿qué dijera?

Roque   Un arbitrio he de darte a ese propósito.

Alejandro   Dame el papel.

Roque   Escúchalo primero.
                        Cayó, por sus pecados, una zorra
                        en una trampa que un pastor le puso.
                        Huyóse aunque la cola
                        cortada se quedó en la trampa aguda.
                        Andaba triste y sola
                        como mona la pobre. Al fin propuso
                        a su zorruno rey que hiciese cortes,
                        que a toda la república importaba
                        la causa que trataba.
                        Juntáronse las zorras a consejo
                        y ella sentada, por cubrir su falta,
                        dijo que convenía
                        que sin hopos viviesen, pues el hopo
                        a ninguna servía
                        sino de pelo y lazo a ser cogidas;
                        que importaba a sus vidas
                        ser descoladas. Pero a tal consejo,
                        su rey, zorrazo viejo,
                        respondió: «Levantaos, que ver queremos
                        si acaso tenéis cola». Levantóse
                        y el arbitrio rióse.
                        Tú puedes, mi señor, a los galanes
                        de la corte decir, que les conviene
                        que cadenas y joyas no se pongan,
                        pues, se pierden al juego

	y a las damas también la causa incita. Y yo juntaré a cortes mis lacayos, y a todos propondré no traigan capas y en cuerpo acompañemos y a los pajes del rey imitaremos.
Alejandro	¿Siempre de humor?
Roque	¿Y tú, de dolor siempre?
Alejandro	Dame el papel, y mira si un bocado hallas en casa, porque no he comido.
Roque	Toma el papel, saeta de Cupido.
(Vase.)	
Alejandro	¡Ah, nema, tú que guardas el secreto de mi dichoso amor! Rómpese luego.
([Lee la] carta.)	«Señor, muy enojada me tiene vuestra gran descortesía, pues amándoos yo tanto no ha sido respetada mi palabra y mi fe. ¡Qué grosería! De vuestra discreción sola me espanto, pues habiéndoos pedido que no juguéis, ¿me habéis obedecido?» En efecto ha sabido que he jugado después que me mandó que no jugase. ¡Qué bien se ve que amado de doña Ángela soy! A visitarla iré esta tarde.

([Sale] Roque.)

Roque   Mi señor, albricias.
La casa está de bodas. Unos manteles,
que al ampo de la nieve se aventajan,
cubren la mesa, que con varias flores
un banquete de mayo representan.
Un pavillo, un capón y dos pe[r]dices
arremetieron luego a mis narices
con olor aromático, y de vino,
que puede dar consejo,
la cantimplora llena y sepultada
en la nieve mejor que vio Granada.
Y aquello que me espanta, en un bufete,
como olvidados, vi muchos doblones
que luego mi señora
recogió, vergonzosa.

Alejandro   ¿Está enojada?

Roque   Ni alegre más la vi, ni más hermosa.
Sin enojo y mohina,
ella da prisa a todo en la cocina.

Alejandro   ¿A quién habrá pedido
Isabela dineros?

Roque   No habrá sido,
al menos, a tu padre; que hoy me dijo:
«Adviértele a mi hijo
que conserve su hacienda, y que no espere
de mí cosa ninguna.»

Alejandro   Vamos, pues, a comer; que la Fortuna

(Vase Roque.)
                        a nadie desampara.
                        Un veloz pensamiento,
                        con las alas, hirió mi fantasía,
                        y de ella resultó al entendimiento
                        juzgar severamente
                        de la desdicha mía.
                        ¡Ay, ilusión fantástica, detente!
                        Imaginado mal, antojo o sombra,
                        afecto que no sé cómo se nombra,
                        en el alma te encierra.
                        No salgas a los labios;
                        no incites la memoria a infame guerra.
                        ¿Isabela está alegre con agravios?
                        ¿Mi casa regalada con pobreza?
                        ¿Isabela sin deudos, sin amigos,
                        con flores y riqueza?
                        ¡Ah, nunca yo dijera una palabra
                        colérica imprudente!
                        ¡Ay, ilusión fantástica detente!
                        Negóme de comer. No lo tenía.
                        Que lo buscase dije. ¡Oh, lengua necia!
                        Mas, ¿cómo, si es Lucrecia,
                        si es Porcia, si es Penélope, la agravio?
                        Corazón infiel, no llegue al labio
                        tan sutil pensamiento,
                        que aun no conviene que lo escuche el viento.

([Salen] Roque y Fabián.)

Roque   ¿No vienes a comer?

Alejandro   Ya voy.

(Vase Alejandro.)

77

Roque   Pregunto:
                 ¿me sabrás ayudar en cierto engaño?

Fabián   ¿De provecho o de daño?

Roque   De provecho.

Fabián   Sabré.

Roque   ¿Y sabrás fingirte
                 un alguacil de corte?

Fabián   ¡Y cómo que sabré, como te importe!

(Vanse. Salen la Madre y Gómez.)

Gómez   Marcelo Gentil espera
                 a que licencia le des
                 para entrar acá.

Madre   ¿Quién es?

Gómez   Un hombre que yo quisiera
                   ser dueño de su caudal.
                 Ni es muy mozo, ni muy viejo;
                 hombre de cuenta y consejo,
                 ginovés y principal.

Madre   Entre persona tan rica;
                 que nos querrá, si es su intento,
                 tratar algún casamiento
                 con el ángel de Angelica.

(Sale Marcelo.)

Marcelo (Aparte.)   (Aunque finja que hay en mí
                      verdor, con esta mujer
                      he de procurar hacer
                      que Alejandro no entre aquí.)

Gómez   Algo sorda es mi señora;
                      háblele recio, señor.

Marcelo   Tenedme por servidor.

Madre   Yo soy vuestra servidora.

(Siéntanse.)

Marcelo   Los que en la veloz edad
                      casi a la vejez llegamos,
                      siendo cuerdos, procuramos
                      sosiego, paz y verdad.
                       Antes que llegue al intento
                      con que en esta casa estoy,
                      es bien deciros quién soy.

Madre (Aparte.)   (Esto huele a casamiento.)

Marcelo   Gracias al cielo, yo tengo
                      honra y caudal.

Madre   Ya lo sé.

Marcelo   De ese modo, excusaré
                      los discursos que prevengo,
                       y digo pues, que deseo
                      hallarme en casa aliviado
                      del doméstico cuidado

	ya que con otros me veo.
	Mi condición es sencilla
	y, pues, mi edad no lo impide...
Madre (Aparte.)	(¿De esta trecha me la pide?
	Borrica es la rapacilla
	para darle hombre mayor.)

Madre (Aparte.)   (¿De esta trecha me la pide?
                   Borrica es la rapacilla
                      para darle hombre mayor.)

Marcelo   Elegir pretendo estado,
                  y segunda vez casado,
                  vivir con gusto y amor.
                     Un hijo solo que tengo
                  tiene su hacienda, y la mía
                  llega a cien mil este día.
                  Rico estoy. ¿Qué me detengo?

Madre (Aparte.)   (¡Lindo caudal! Plega a Dios
                  que la pueda convencer,
                  porque siendo su mujer,
                  pasaremos bien las dos.)

Marcelo   Hice elección, informado
                  de la virtud que he sabido
                  de esta casa, y ansí he sido
                  el tercero y desposado.
                     A nadie quise fiar
                  mi intención, y ansí os suplico...

Madre (Aparte.)   (¡Qué casamiento tan rico!
                  Yo se la pienso entregar.)

Marcelo   ...que os suplico, digo pues,
                  ¿queráis, señora, ser dueño
                  de mi casa?

Madre (Aparte.) (¡Jesús! ¡Sueño!
¡Si me pide a mí!) ¿Quién es
la que habéis pedido?

Marcelo Vos,
que son la virtud y edad,
discreción y cualidad
a mi propósito.

Madre (Aparte.) (Dios
me ha deparado este bien.
Tanta la hipocresía
esta ventura me envía,
aunque yo no soy también
muy vieja ni mal tocada.)
Digo, mi señor, que soy
vuestra hechura, y ansí estoy
obediente y obligada.

Marcelo Pues, señora, si ansí pasa,
una merced solamente
os pido: que no entre gente
a visitar esta casa,
ni a jugar como otras veces;
que demás de ser malinos,
los ojos de los vecinos
son rigurosos jueces.
No soy celoso, mas esto
convendrá, por vida mía,
hasta que se llegue el día
de la boda, y será presto.

Madre Un monasterio, señor,
ha de ser de aquí adelante

(Aparte.)	mi casa. (Si es importante decirle cómo es error que soy sorda..., pero no, hasta ver en lo que para.)
Marcelo	Pues, ya mi dicha está clara. Dadme licencia, que yo a veros vendré después.
Madre	Soy vuestra esclava.
Marcelo (Aparte.)	(¡Y mi abuela! Creyólo la vejezuela; ligera de cascos es. Para corregir un hijo, ¿qué no intenta un padre bueno?)
(Vase.)	
Madre	El pecho me deja lleno de juvenil regocijo. Loca quedo de contento. ¡Angelica!
(Sale Ángela.)	¡Ángela, escucha!
Ángela	¡Qué priesa tienes!

Madre	No es mucha
	para tan gran casamiento.
	  Las visitas, hija mía,
	ya han cesado. Hay gran misterio.
	Esta casa es monasterio
	de descalzas. Este día
	  tu remedio y tus cuidados

                caminan con otro paso.

Ángela   ¿Qué me dices?

Madre   Que me caso.

Ángela   ¿Con quién?

Madre   Con cien mil ducados
                y hombre dos veces gentil.

Ángela   ¿Con años?

Madre   Solos cuarenta.

Ángela   Yo me casaré a esa cuenta
                con veinte y doscientas mil.

(Sale Fabián con vara.)

Fabián   ¿Quién está en casa?

Ángela   ¿Quién llama?

Fabián   El que serviros codicia.

Ángela   ¡Ay! ¿En casa la justicia?

Fabián   ¿Es buey de hurto?

Madre   Y que infama
                la mujer más casta y buena.

Fabián   Don Diego Osorio me envía,

	por señas; que en este día
aquí ganó una cadena
de diamantes, y la dio
a guardar secretamente
a vuesa merced.
Ángela	¡Él miente!
Fabián	¡Mis señoras, eso no!
La cadena os ha dejado.
Mangas, cofres y escritorios
francos me haced, y notorios;
que por eso me ha enviado.
Todo lo tengo de ver.
Ciento y diez diamantes son,
y los pide. No es razón
que tan principal mujer...

(Saca la cabeza por el vestuario Roque.)

Roque	(No te turbes, mentecato.)
Ángela	A él mismo le pienso dar.
Fabián	Yo soy hombre de fiar.
Madre	¿Alguacil de corte?
Fabián	Trato
verdad y soy conocido;
y si llamo, a cuantos veo
daréis crédito.
Madre	Lo creo.

	No queremos más ruido. Dásela y yo te prometo otra cadena mejor; que tu padre y mi señor me tiene amor y respeto. Salga de aquí este alguacil, pues con buenas señas viene; que ser visto no conviene de don Marcelo Gentil.
Ángela	¿Cómo os llamáis?
Fabián	(Sois sutiles.) Picón es mi sobrenombre.
Roque	¡Vive Dios, que no hay tal hombre en todos los alguaciles de la corte ni de España!)

(Vase Roque.)

Fabián	¿Es posible que no soy conocido?
Ángela	Ya os la doy.
Fabián	La justicia nunca engaña.
Ángela	Decid, señor, a don Diego, que es mucha descortesía, pues la justicia me envía a cobrar lo que no niego.

(Saca de la manga la cadena y dála.)

Fabián	Temió el pobre algún engaño.

(Vase.)

Madre	¡Descortés, pícaro vil! ¡A nuestra casa alguacil! ¡Éste es lindo desengaño de cortesanos amantes! ¡Dichosa yo que hallé riqueza, amor, honra y fe!
Ángela	¡Ay, mis perdidos diamantes!
Madre	¿Ya verás que es conveniente que despidamos de casa visitas? ¡Ved lo que pasa! ¡Tomad algo de esta gente...! Pues, mira tú, si hoy pasara adelante la cuestión.
Ángela	Fue necio aquel fanfarrón. Fuése sin volver la cara.

(Sale Alejandro con un papel en la mano.)

Alejandro	(Amor y melancolía, que en mi casa he concebido, a este cielo me han traído, cielo de luz y alegría.) Perdonad si aquí me he entrado sin prevenida licencia, porque amor, todo es violencia, atrevimiento y cuidado.

Ángela	Bien se pudiera excusar, caballero, esa osadía, porque no es casa la mía donde se viene a jugar.
Alejandro	(Todavía está enojada.)
Ángela	Principalmente, quien es conmigo tan descortés, váyase a jugar. Ya enfada.
Alejandro	(Lo mismo que escribe aquí me ha repetido.) Señora...,
Ángela	No quiero disculpa agora.
Alejandro	(Como su madre está allí, quiere decir que no hablemos.)
Ángela	¡A enojos no me provoque; que ni miro a rey ni a roque si llegó a tales extremos!
Alejandro	Por mí y Roquillo lo dice. Sus agudezas son muchas. Si mi disculpa no escuchas, podré llamarme infelice. No niego que te merezco por riguroso juez, pero solo erré una vez. Ya, señora, te obedezco.
Ángela	Yo lo doy por disculpado y si es que discreto ha sido,

	pudiera haberme entendido.
Alejandro	(Lindamente me ha avisado
	de su madre.) Inobediente

Alejandro   (Lindamente me ha avisado
                de su madre.) Inobediente
              no seré, tuyo nací,
              y ley ha de ser en mí
              tu palabra eternamente.
                En eso que me mandaste,
              obedecida serás,
              porque ansí me importa más,
              y ya lo pasado baste.

Ángela   Veamos si lo hace ya.

Alejandro   Tu gusto efecto merece.

(A su hija.)

Madre   Dice que ya te obedece,
              ¿y más de espacio se está?
                ¡Qué tantos enfados haya
              en quien hoy apenas vimos
              si no entiende que decimos
              que de esta casa se vaya!

Ángela   No he visto hombre más pesado.
[A él.]   ¿Hasme entendido?

Alejandro   Tan bien
              como tú. Y, pues, no oye bien
              tu madre, escucha...

Ángela   ¡Qué enfado!
              ¿No te he dicho mi intención?

	¿No te he propuesto mi gusto?
	¿No sabes ya como es justo
	dejar tanta obstinación?
Alejandro	(Cuerdamente me predica
	que no juegue. ¡Oh, grande amor!)
Ángela	¿No me entiendes? ¡Linda flor!
Alejandro	La flor de diamantes rica
	me alaba. Todo es muy poco
	para lo que yo deseo.
(Entre ellas.)	
Ángela	¿Hay hombre tan necio?
Madre	Creo
	que este mozo viene loco.
	Un vestido agironado
	merece a fe.
[A él.]	
Ángela	Has merecido
	de colores un vestido.
Alejandro	El vestido me ha alabado.
Ángela	¡Ea! No porfíes. Vete.
	¿Qué? ¿No me entiendes? Arguyo:
	manda que entre un criado tuyo
	que mi lengua interprete.

89

Alejandro   (Dice que a Roque le envíe
                 para escribirme con él,
                 que es intérprete el papel
                 de quien ama.)

Madre   (¡Que porfíe,
                 sin atar ni desatar
                 razón, este necio aquí!)

Alejandro   Adiós, ángel en que vi
                 luz del Sol e ira del mar.
                   (No me llamen desdichado
                 los que me vieron perder,
                 que si es cielo esta mujer,
                 el cielo tengo ganado.)

(Vase.)

Madre   ¡En hora mala o en buena!

Ángela   Pues, ¡a fe que me cogía
                 el necio enfadoso en día
                 que estoy de cólera llena!
                   No olvido la sinrazón
                 de don Diego.

Madre   Es hombre vil.

Ángela   El nombre del alguacil,
                 ¿cómo era, madre?

Madre   Picón.

(Salen don Luis y don Diego.)

Diego	Con algún recelo voy, y si me guardas secreto, diré la ocasión.
Luis	Prometo que en esto un Sócrates soy.
Diego	Sabe que Ángela me adora con un singular extremo.
Luis	¿Y por qué la temes?

Diego	Temo
	que está colérica agora.
	  Un alguacil conocido
	llevaba por esa calle
	una mujer de buen talle
	presa hoy, y le he pedido,
	  como que era cosa mía,
	por ella. Entonces salió
	Ángela al balcón, no vio
	y ha de haber melancolía
	  y celazos con extremos.

Luis	(¿Hay necio más engañado que éste? Y[o] soy el amado como agora veremos.)
Diego	Como vuelve el agua al mar tras de su curso violento, y la piedra deja el viento por su nativo lugar, como a la esfera que abrasa en forma piramidal

    sube el fuego artificial,
don Diego viene a esta casa.
    Éste es el dichoso centro
donde sosiego recibo,
donde con el alma vivo,
donde con los ojos entro.

Ángela   ¡Rómpese aquí sufrimiento
y piérdase la prudencia,
porque no quiero paciencia
cuando de enojo reviento!
    Hombre sin alma en el pecho,
sin término y cortesía,
¿cómo entras con osadía
haciendo lo que hoy has hecho?

[A don Luis.]

Diego   ¿No te lo dije?

Ángela   Si alcanzas
uso de razón del cielo,
¿cómo pagas mi buen celo
con falsas desconfianzas?
    Si sabes la estimación
con que el mundo mi honor paga,
¿cómo he de sufrir que haga
suertes conmigo un Picón?
    ¿Alguacil fue menester
para llevártela a casa?

Diego   Oye y sabrás lo que pasa.

Ángela   No tengo ya qué saber.

Diego	Ángela, escucha y advierte
que el alguacil que llevó...
Ángela	No quiero disculpas, no.
Huélgome de conocerte.
Sola yo soy de fiar.
Sola yo cumplo y prometo.
No hay en los hombres respeto.
Luis	(¡Que esto he venido a escuchar!
¿Cuándo una vil mujer suele
pedir tan públicos celos?)
Ángela	Colérica estoy. ¡Ah, cielos!
¡Picón a mí!
(A don Luis.)	
Diego	Allí le duele.
Ángela	¿Más que a mí precia y codicia,
siendo yo tan fiel y honrada,
su rica joya estimada
en manos de la justicia?
(A don Luis.)	
Diego	Piensa que aquella mujer
que iba presa es dama mía.
Ángela	El que de mí no se fía,
mal me debe de querer.
Diego	Ángela, siempre te estimo

	más que el precioso tesoro,
	estos umbrales adoro,
	con tu Sol mi cuerpo animo;
	pero advierte que no tengo
	culpa en eso, y que he venido
	a disculparme.

Luis   (Yo he sido
majadero, pues que vengo
a ver este desengaño.)

Ángela   Vete, don Diego, de aquí.
No estés delante de mí,
porque es duplicar el daño.
Vete a tu casa a guardar
la joya que te ha llevado
tu alguacil.

(A don Luis.)

Diego   En esto ha dado.
(¡Oh, modo nuevo de amar!
¿Quién no estima esta verdad,
quién no adora estos enojos?
Que están, con ira, sus ojos
llenos de amor y piedad.)

(A ella.)   A casa no la llevó;
a la cárcel la ha llevado.

Ángela   Pues, ¿a mí, dame cuidado
si fue a la cárcel o no?
Llévala donde quisieres,
que el no tener confianza
de mí siento.

Luis   (¿Qué mudanza
          no nació de las mujeres?)

Madre   Ángela tiene razón.
          Vete, que tu error me espanta.

(A don Luis.)

Diego   Aun la madre, siendo santa,
          consiente ya su afición.
            Procura desenojalla,
          don Luis, y aquí te espero.

(A ellas estos dos versos y vase con cortesía.)

                Disculpas no bastan. Quiero
          vencer, si vence quien calla.

Madre   ¡Hoy es día de pesados!

(A Luis.)

Ángela   ¿Qué te ha parecido de esto?

Luis   Que he derribado muy presto
          la torre de mis cuidados.
            Pluguiera al cielo cruel
          que yo cual él te tratara,
          y de tu boca escuchara
          las ofensas que oyó él.
            Pluguiera a Dios que otro tanto
          hubiera contigo hecho,
          y te quitara del pecho
          lo que ya me cuesta llanto.

(Colérico.)   Don Diego anduvo gentil
aunque descortés le llamas,
mas no faltan otras damas
ni faltará otro alguacil.
    Yo también haré otro día
lo mismo que él. Podrá ser
que en mi pecho vuelva a ver
la riqueza que fue mía.

[A su Madre.]

Ángela   No lo entiendo. ¡Ay, infelice!
De confusión estoy llena.

[A la hija.]

Madre   Pide también su cadena.
Harto claro te lo dice.
    Éstos son dos bellacones
que nuestra estafa han olido,
y por esto se han valido
de alguacil y porquerones.
    ¿No ves cómo te amenaza?
Dale su cadena, amiga,
porque aquesto no se diga
públicamente en la plaza.

[A él.]

Ángela   ¡Vil, descortés, apocado,
muchacho en la condición,
que con vana presunción
finge amor y honra ha mostrado!
    ¿Ves hoy tu cadenilla?

                    Ni la estimo, ni la precio;
                    no quiero prendas de un necio
                    que a tanta infamia se humilla.

(Arroja la cadena y vase Ángela.)

Madre   No entres más en esta casa.

[Vase la Madre.]

Luis   ¿Qué súbita alteración,
                qué enojo sin ocasión
                por estas mujeres pasa?
                  Don Diego, al fin, es querido,
                yo vilmente despreciado.
                Cadena, ya os he cobrado;
                menos mal, no os he perdido.

(Vase. Sale Alejandro de noche.)

Alejandro   Noche apacible y serena,
                cubre a un hombre que se abrasa
                de sospechas en su casa
                y de amores en la ajena.
                ¿Qué infierno iguala a mi pena
                si me da tormento ver
                llena de oro de placer
                a Isabela? ¡Oh, caso nuevo,
                que a preguntar no me atrevo
                lo que procuro saber!
                  Yo mismo a mí me argumento,
                y digo: ¿Qué maravilla
                que mujer casta y sencilla,
                de no mal entendimiento,

			lleve con buen sufrimientos
			mi enojo: Y, ¿qué novedad
			que con tanta brevedad
			tenga dinero Isabela
			si guardó alguna joyuela
			para esta necesidad?
				Siendo ansí, ¿qué me atormenta?
			Y responde la razón
			que nuestra imaginación
			errores nos representa.
			Dice el alma: Pues, intenta
			salir de este ciego error.
			Pero adviérteme el temor
			que deje en duda mi daño,
			porque podrá el desengaño
			causarme pena mayor.

(Sale Roque.)

Roque			¿Eres tú, señor?

Alejandro			Sí, soy.

Roque			Pues, ¿aquí en la calle estás?

Alejandro			Me alegra a las veces más
			que cuando en mi casa estoy.

(Siempre Alejandro melancólico y pensativo.)

Roque			¿Viste a doña Ángela?

Alejandro			Hoy.

Roque   ¿Qué te dijo?

Alejandro   Me ha alabado
                 flor y vestido, y me ha dado
                 un recado para ti.

Roque   (Él está fuera de sí
                 de necio o enamorado.)

(Sale Carlos de noche.)

Carlos   ¿Quién ha visto devaneo
                 mayor que el que me desvela?
                 Que amando en vano a Isabela,
                 mirar sus rejas deseo.
                 Hablad, alma, pues que veo
                 que ignora dolor tan grave;
                 que aunque en el alma no cabe
                 el callar será locura,
                 porque el médico no cura
                 la enfermedad que no sabe.

(Mira a las ventanas.)

Alejandro   Mirando a nuestros balcones,
                 un hombre se ha detenido.
                 ¿Le ves?

Roque   Sí.

Alejandro   ¿Le has conocido?

Roque   ¿Soy lince?

Alejandro   Imaginaciones,
no añadáis nuevas razones
a mi mal. Otra vez mira.

Carlos   ¡Ay!

Alejandro   ¡Vive Dios, que suspira!

(Vase Carlos.)

Roque   Ha perdido o va cansado.

Alejandro   Ve a conocerle embozado,
que de casa se retira.
(Va tras él Roque.)   Vencer quisiera mi mal
con hidalga confianza;
porque el marido que alcanza
una mujer principal,
con pensamiento leal
ha de honrarla si es honrado.

(Salen Marcelo, embozado, y Fabián.)

Marcelo   Agora me han avisado
que está Alejandro en la calle.

Fabián   Aquél es.

Marcelo   Encubre el talle.

Alejandro   ¡Otros también se han parado!
Dos son, y a mi casa miran.
¿Qué tiene esta casa, cielos?
Rayos son de muerte y celos,

no flechas las que me tiran.
Yo apostaré que suspiran
como el otro y si es ansí
ya la razón presumí;
que es afecto de envidioso.
¿Qué dice quien fuera esposo
del ángel que vive aquí?

(Silba Fabián.)

Marcelo   ¡Ce, ce!

Alejandro   ¡Vive Dios, que llaman!
Silbos también señas son.
Ya en el débil corazón
como ardientes furias braman
mis sospechas, y lo inflaman
en cólera. Voy tras ellos
aunque a esperar los cabellos
de la Ocasión me he resuelto;
pero ya Roquillo ha vuelto
y ha podido conocellos.

(Vanse Marcelo y Fabián y encuéntranse con Roque.)

Roque   Bien te conozco, señor.

Marcelo   Disimula.

Alejandro   ¿Es Roque?

Roque   Sí.

Alejandro   ¿Quién era el primero, di?

Roque   Carlos de Villamayor,
                 aquel sevillano.

Alejandro   Honor,
                 no es mi recelo muy vano.
                 ¿Y éste?

Roque   Un conde italiano
                 que la calle nos pasea.

Alejandro   Tiempo habrá que el valor vea
                 de un español cortesano.

Roque   (¡Con cuánta facilidad
                 da crédito a sus agravios!
                 ¡Mordiéndome estoy los labios
                 por no decir la verdad,
                 con risa!)

(Sale por otra puerta Marcelo, hablando alto.)

Marcelo   Con brevedad
                 volveré a casa, que quiero
                 ver a mis hijos primero.

Roque   Tu padre pasa.

Alejandro   Señor.

Marcelo   ¿Es Alejandro?

Alejandro   ¡Ay, honor!

Marcelo   Hijo, ¿qué traes?

Alejandro	¡Rabio! ¡Muero! No niego mis desvaríos; no niego que ciego estoy. Un nuevo pródigo soy que ya a tus pies, hechos ríos de sangre, los ojos míos borrarán mi error pasado; pues que tanto me ha pesado que no se puede igualar la locura del jugar al dolor de haber jugado. 　No cumplí lo que dijiste; perdí la hacienda, señor, que has dado; y el honor sospecho que pierdo. ¡Ay, triste! Que tú también me lo diste. Mi condición rigurosa mal ha tratado a mi esposa, y haciendo de esto trofeo, llena de joyas la veo más alegre y más hermosa.
Marcelo	(Ansí, ansí, morder el freno y sabréis qué es ser casado.)
Alejandro	Cúyas son le he preguntado, y ella, de púrpura lleno el rostro, poco sereno: «Busquélas», me respondió. El temor me suspendió, y agora gente que pasa hace señas a mi casa. ¡Yo tengo la culpa, yo!

Marcelo   Hijo, hijo, la razón
              te dice con experiencia
              que suele tomar licencia
              la mujer con la ocasión.
              Trátela bien el varón,
              asista en su casa, niegue
              el gusto al vicio, y no juegue,
              muéstrale amor y regalo,
              porque es animal muy malo
              para que el hombre le ruegue.
                 Alerta, hijo, yo quiero
              ser el Argos de tu esposa,
              pero tú no has de hacer cosa
              sin decírmela primero.
              Viejo soy, y ver espero
              tu edad mayor que la mía.
              ¡Qué poco, qué breve día
              en esta casa ruin,
              como de tahúr, en fin,
              ha durado la alegría!

(Vase.)

Alejandro   ¡Oh, hijos del Amor, reyes tiranos!
              Envidia, confusión, rabia, tormento,
              verdugos del valor, del pensamiento;
              infiernos, inquietud, temores vanos;
                 pensión sobre los ánimos humanos,
              espuelas del prudente sufrimiento,
              guerra entre voluntad y entendimiento
              a quien nunca dan paz consejos sanos;
                 ciegas sospechas, locas fantasías,
              quiméricos antojos y desvelos,
              inmortal presunción, sombras, engaño;

confusa oscuridad, desdicha[s] mía[s],
imaginado mal, tiranos celos,
o la muerte me dad o el desengaño.

Fin de la segunda jornada

Jornada tercera

(Salen Carlos y Ángela.)

Ángela
Al amor que vive en mí
es imposible que llegues.
Mira Carlos, no me niegues
pues yo he negado por ti
 a mi patria la presencia,
a mi lengua la verdad,
al alma la libertad,
y a mi madre la obediencia.
 Ella quiere que al sosiego
dé el pecho libre y sencillo.
Amé y no puedo encubrillo
porque el mismo amor es fuego.
 Rico marido quisiera
para darme, y yo, no avara,
por un Midas te juzgara
si rico de amor te viera.
 ¿Hay más bien? ¿Hay más riqueza
que fe de eterno valor,
que el oro puro de amor,
que las piedras de firmeza?

Carlos
Es inmensa mi afición,
y fuera no amar ansí
faltar méritos en ti
o en mí el uso de razón.
 Si sobra merecimiento
en tu rostro singular,
por fuerza tengo de amar
o estar sin entendimiento.
 Y amándote, y siendo amado,

                    ¿qué bien de más excelencia
                    que rica correspondencia
                    del objeto deseado?
                       Con tu cabello que agravios
                    da al Sol de rayos ardientes,
                    con las perlas de tus dientes
                    y los rubíes de tus labios,
                       con la flor de tu hermosura
                    y el fruto de mi esperanza,
                    ¿qué rey, qué príncipe alcanza
                    más riqueza y más ventura?

(Sale Alejandro.)

Alejandro   No es amor el que me obliga
                    venir aquí satisfecho,
                    que amor no cabe en el pecho
                    donde Reina la fatiga.
                       Es mostrarme agradecido
                    a doña Ángela y a ver,
                    por milagro, una mujer
                    que de veras ha querido.

Ángela   Toma, que amor no consiente
                    que yo te niegue la mano.

(Danse las manos Carlos y Ángela.)

Carlos   Es un favor soberano;
                    tuyo seré eternamente.

Alejandro   (El que vive muchos años
                    tiene verdadera ciencia,
                    porque es madre la experiencia

  de dichosos desengaños.
  Tal he visto; mas, ¿qué espanto
concibo de esto que pasa,
si en mi desdichada casa
sospecho que hay otro tanto?
  Aquí y allí, sin sosiego,
mi desdicha cruel porfía.
¡Mal haya el hombre que fía
en la mujer ni en el juego!)

Ángela   Entra, a mi madre visita,
porque su estado acomoda
y a la sombra de su boda
la dulce nuestra permita.

Carlos   Entro pues.

(Vase Carlos.)

Alejandro   (No es hombre sabio
el que a esto puede callar.
La venganza he de ensayar
de mi doméstico agravio.
  Conozca y eche de ver
mi honra dudosa y mi fama;
que quien no sufre a su dama,
mal sufrirá [a] su mujer.)
  Ingrata a la humana suerte,
sirena de nuestra edad
cuya voz es la beldad,
cuyo engaño es nuestra muerte,
  áspid que en el campo ameno
entre hierbas y entre flores
de lisonjeros amores

	tienes oculto el veneno,
	basilisco que en extrañas
	riberas vomitas ira,
	que matas a quien te mira
(Sale Carlos	y a cuantos miras engañas,
a la puerta.)	basilisco, áspid, sirena
	que regalas los sentidos,
	ojos, narices, y oídos,
	en agua, flores y arena,
	¿qué te hice —di cruel—
	para que engañes mi pecho?
	O di, ¿Carlos, qué te ha hecho
	porque le engañes a él?

Ángela   ¡Jesús, y qué sobresalto!
Hombre, ¿qué dices, qué quieres?
¿En qué te ofendí? ¿Quién eres?
O, ¿vienes de seso falto?

Alejandro   Falto de seso venía
cuando tu voz me engañaba,
cuando tu beldad amaba
y cuando tu amor creía.
  Cuerdo estoy si este amor pierdo;
que tú, víbora malina,
das la llaga y medicina.
Loco vine y vuelvo cuerdo.

Ángela   ¡Hombre, vete de esta casa;
que no entiendo tus razones!

Alejandro   Cenizas son y carbones
de aquella pasada brasa.
  No son celos, porque ha sido

    relámpago nuestro amor
que queda sin resplandor
cuando apenas ha nacido.
    No son locuras las mías
causadas de tu mudanza,
sino una justa venganza
de la intención que tenías.
    Tú me quisiste engañar
y en breve tiempo fingiste
mucho amor. Sirena fuiste;
yo no te quiero escuchar.

(Vase.)

Ángela   ¿Hay locuras semejantes?
¿Cómo sufrís esto, cielos?

Carlos   ¿Locuras llamas los celos
de los míseros amantes?
    Mujer falsa, sin piedad,
cuya alma está sin temor,
cuyo pecho sin amor,
cuya lengua sin verdad...
    ¿Qué disculpa ni qué excusa
tendrás ya para tu daño,
si es evidente el engaño
y uno de los dos te acusa?
    O yo el engañado soy
o Alejandro, esto es ansí.
Pues, si me engañas a mí,
desobligado me voy;
    si la verdad es la mía,
también te dejo infiel,
que quien le ha engañado a él,

	me engañará a mí otro día.
Ángela	Oye, espera.
Carlos	Entre sus penas Alejandro te llamó sirena. ¡Bien dijo! Y yo no quiero escuchar sirenas.
(Vase.)	
Ángela	¿De qué infiernos ha salido este hombre tan porfiado, que en mis ojos ha turbado la paz y amor que han tenido? ¿Qué Alejandro liberal, en furia y en desatino, es el que a mi casa vino por mi desdicha y mi mal?
(Salen Gómez y la Madre.)	
Madre	¿Qué tienes, niña?
Ángela	¿Esto pasa? ¡Venganza pienso tener! El enfadoso de ayer ha vuelto otra vez a casa más loco y desatinado.
Madre	¿Alejandro?
Ángela	Sí.

Madre   ¿Quién es este Alejandro?

Gómez   ¿No ves que es hijo del desposado?

Madre   ¿De Marcelo?

Gómez   Sí, y recelo que gran hacienda ha perdido.

Ángela   ¡De eso quedó sin sentido!

Gómez   A casa viene Marcelo.

Madre   Vete adentro.

Ángela   ¿Qué se pierde que me vea?

Madre   Es buen consejo que el caballo, y más si es viejo, no quiere paja si hay verde.

(Vase Ángela.)   Déme un libro, Gómez.

Gómez   ¿Cuál?

Madre   Cual quisiere puede ser, porque es por bien parecer. Ya sabe que leo mal.

(Salen Marcelo y Roque.)

Roque   Digo que le vi salir

                        de esta casa agora.

Marcelo   Puedo
              de esa suerte entrar sin miedo
              y con cólera reñir.

Roque   ¿Es tu casa?

Marcelo   Halo creído
              como agora lo verás.

(Dale [Gómez] un libro a la Madre.)

Roque   Y tú el primero serás
              que pinta viejo a Cupido.

Marcelo   ¿Siempre tan bien ocupada?
              ¿Siempre leyendo, señora?

Madre   Doy a los libros una hora.

Marcelo   ¿Quién es?

Madre   Fray Luis de Granada.

Roque   (Estas dueñas son traidoras.
              Una vi yo el otro día
              que en San Martín se ponía
              a rezar la[s] unas horas
                con ademanes y gestos,
              y ya estirando las cejas
              en medio de cuatro viejas
              más graves que cuatro cestos.
                 Después entré de repente

en su casa y la hallé
aprendiendo el abecé
de un sacristán, su pariente.)

(Siéntanse los dos, y Roque, junto a la silla de Marcelo.)

Marcelo   Mal, señora, habéis cumplido
                       lo que me ofrecéis a mí.
                       ¿Qué quiere Alejandro aquí?
                       Y don Diego, ¿qué ha querido?
                       No deis, señora, lugar
                       que la vecindad murmure.
                       Procurad que se asegure
                       de vuestro honor singular.

Madre   Es vuestro hijo importuno,
                       y coléricas nos tiene,
                       porque a dar enfados viene
                       sin que le llame ninguno.

[A Marcelo.]

Roque   ¿Es muy sorda?

Marcelo   Mucho.

Roque   ¿A vieja
                       acortar queréis la toca?

Marcelo   ¡Que haya creído esta loca
                       que enamorado me deja!

Madre   (¡No seáis sorda! Esto me huele
                       a burla.)

Roque   Dile ternezas.

[A ella.]

Marcelo   Dándome celos empiezas,
                     pero amor hacerlo suele.

[A Marcelo.]

Roque   Mamando está tus engaños.
                     Mujer de cuatro sentidos,
                     vaya al Jordán por oídos
                     y déjese allá cien años.

Madre   (Pagarme tienen escote
                     de la burla, ambos a dos.)

(Por detrás de la silla vio el libro Roque.)

Roque   Señor, señor, ¡vive Dios!,
                     que es el libro Don Quijote.

Marcelo   ¡Ah, embustera! ¿Y no sabrá
                     conocer qué letras son?

Roque   Yo le quiero dar lección.
                     ¡Ea, niña! «Be...a..., Ba.»

Madre   (¿Esto escucho? ¡Y que me viese
                     el libro este otro bellaco!)

[A ella.]

Marcelo   Si los celos me traen flaco,

	razón será que me pese que aun mi hijo os venga a ver y sienta aquí regocijo.
Madre	(Éste, por guardar su hijo, mi honor intenta perder. Pagarámelo, si puedo...) Después, mi señor, que os vi, solo vos vivís en mí, y por vuestra esclava quedo.
[A Marcelo.]	
Roque	Si en ella vives, tú estás allá en Castilla la Vieja.
Madre	¿Qué habláis los dos a la oreja? ¿Murmuráis de mí?
Marcelo	Jamás supe qué era murmurar. cuanto más de quien adoro.
[A Marcelo.]	
Roque	Eso fuera ser tú moro, pues venías a adorar el zancarrón de Mahoma.
Madre	(¡No seáis sorda! Por mi vida, que la venganza está urdida. Miren pues con quién se toma.)
Roque	Pregunta cuándo ha de ser

	la boda.
Marcelo	Casi no creo que de mi ardiente deseo el dulce fruto he de ver. Con gran alborozo estoy.
Madre	Aunque a bellacos les pese, quisiera que luego fuese. (Y no seré yo quien soy si por las mismas heridas no hago que sea verdad su burla.)
Marcelo	Con brevedad uniremos nuestras vidas, pero con tal condición que visitaros no tiene mi hijo.
Madre	(A eso va y viene, como es esa su intención.) Ansí, señor, ha de ser. Y en fe de esto, antes que os vais, quiero que a Ángela veáis. ¡Mira, que te quiere ver tu padre! ¡Sal acá, niña!
Marcelo	Ya la he visto y me ha agradado.
Roque	¡Una hija te ha pegado! Ella es de casta de tiña.

(Sale Ángela.)

Ángela	¿Qué me mandas?
Madre	Reconoce a tu padre y tu señor.
Ángela	Es para mí gran favor.
Marcelo	Sus años con gusto goce. Ángel es en la hermosura como lo es en el nombre. Dichoso, dichoso el hombre que espera tanta ventura.
Ángela	Lisonjas son, cortesanas.
Madre	(El cebo le he puesto ya. Si pica, él se acordará muy bien de las sevillanas.)

Marcelo	(¡Qué tez hermosa y serena!
	En su color soberana
	derrama Amor nieve y grana
	a la clavel y azucena.
	  En el Sol resplandeciente
	de sus ojos, vivir pudo
	Amor, que como desnudo
	busca la región ardiente.
	  Su edad verde es de manera
	que mayo en sus ojos vive.
	porque las flores recibe
	de esta humana primavera.)
	  Roquillo, ¿qué te parece?

Roque	Casi, casi tan hermosa

                        como mi dama.

Marcelo   ¿No es cosa
                        de admiración?

Madre   (El padece.
                        A propósito le tengo
                        la red; que es muchacha y bella.
                        Si cae esta vez en ella,
                        yo le doy con la de Rengo.)
                        ¿Qué te parece, señor?

Marcelo   Un árbol lleno de flores,
                        y que en él mata de amores
                        su hermosura al mismo Amor.

[La Madre y Marcelo pasan a un lado.]

Madre   Escucha, Marcelo, aparte.
                        Algo sorda y algo vieja
                        soy, y la edad no me deja
                        valor para regalarte.
                           Esta muchacha es hermosa,
                        hija de padres honrados,
                        honestos son sus cuidados,
                        que es modesta y virtuosa.
                           Cásate con ella, y yo,
                        que bien te quiero, Marcelo,
                        viviré alabando al cielo
                        por la dicha que le dio.

Marcelo   (Más apacible beldad
                        jamás en mis años vi.
                        Un Jordán es para mí,

| | que ha renovado mi edad.
| | Si es como rayo el amor,
| | que en un brevísimo instante
| | rompe el mármol más constante
| | con su violento furor,
| | ¿qué mucho que la hermosura
| | de una mujer peregrina
| | cause tan presto ruina
| | en una edad ya madura?
| | Rico soy; ella me agrada.
| | Murmuren de mí esta vez;
| | que he de pasar mi vejez
| | en juventud regalada.)
| | Señora, tu yerno soy.

Madre   ¿No te quieres informar
          de su virtud singular?

Marcelo   Por informado me doy.

Madre   Pues, de esta manera sea
          porque conviene el secreto;
          que quiero guardar respeto
          a un señor que la desea:
            dale a un amigo poder,
          desposaráse con ella,
          vendrás tú después a vella,
          y llevarás tu mujer
            sin gastos y sin ruido.

Marcelo   Dices bien, y escribir quiero
          en este libro primero,
          padres, nombre y apellido
            para que el poder se haga.

(Saca un libro de memorias y va escribiendo.)

Madre (Él ha venido al reclamo.
Ángela también me llamo.
La burla esta vez me paga.)

Marcelo ¿Ángela de qué?

Madre De Heredia.
(Ella Mendoza se llama
como su padre. ¡Qué trama
para urdir una comedia!)

Marcelo ¿Y su padre?

Madre Don Andrés
de Heredia. (Mi padre fue.)

Marcelo ¿Su madre?

Madre (El nombre diré
de mi madre.) Doña Inés
de Soria. ¿Ya no lo sabes?

Marcelo Pregúntelo por no errar.

Madre (Vos veréis qué es engañar
mujeres nobles y graves.)

Marcelo Hecho está el apartamiento.
Con el poder vendrá luego
un notario.

Madre   Es mi sosiego
             este noble casamiento.

Marcelo   Yo te prometo, señora,
             grandes albricias.

Madre   No mandes
             a tu hechura albricias grandes.

Marcelo   ¿Por qué no, si eres Aurora
                de aquel Sol que tú me das?
             Roque, vamos.

Roque   ¿Es delito
             preguntar lo que has escrito?

Marcelo   Eso después lo sabrás.

(Vanse haciendo cortesía a Ángela.)

Madre   ¡Oh, cómo tiene embelecos
             la corte en su confusión!
             Estatuas los hombres son
             que fantásticos y huecos,
                sin sustancia y sin bondad,
             no tienen más que apariencia,
             y ansí la sabia experiencia
             es crisol de la verdad.

Ángela   ¿Cómo, madre? ¿Ya no quiere
             desposarse?

Madre   ¿Ha de querer
             que el ardid de la mujer

>   al de los hombres prefiere?
>   Luego salgo.

(Vase la Madre.)

Ángela   Dulce Amor,
>   que al alma vas por los ojos,
>   traeme a Carlos sin enojos;
>   afloja el arco al rigor.

(Sale Gómez.)

Gómez   Ya lo traigo, en que me vi
>   de persuadirle rogando.

Ángela   Buenas albricias te mando.

(Sale Carlos y vase Gómez.)

Carlos   Con violencia vuelvo aquí.

Ángela   Carlos, aquél que se llama
>   verdadero enamorado
>   no ama bien si no ha estimado
>   la autoridad de quien ama.
>   De estimar suele nacer
>   no dar crédito al engaño,
>   procurar el desengaño,
>   y escuchar para saber;
>   que hay engaños aparentes,
>   y de amorosos recelos
>   nacen obstinados celos
>   y opiniones diferentes.
>   Alejandro estaba loco

Carlos	porque se ve sin hacienda.
	Al fin, ¿quieres que no entienda
	lo que con las manos toco?
	Este tiene la mujer
	que contra la luz del día
	niega rebelde, y porfía.
	¡Y, en efecto, ha de vencer!

(Sale don Diego.)

Diego	(Si habrá el amor mitigado
	los favorables enojos
	de aquellos hermosos ojos
	de quien flechas ha tomado.
	La cólera del amante
	es como nube de mayo
	que llueve, truena y da un rayo,
	y se serena al instante.
(Ve a los dos.)	Confianza tan incierta,
	¿cuándo en el mundo se ve?
	No me han visto; dicha fue
	no estar cerrada la puerta.)
Ángela	¿Rompí, en efecto, los lazos
	de tus engaños?
Carlos	Ya creo
	las verdades que deseo.
Ángela	Toma en albricias los brazos.

(Abrázanse.)

Diego	(¡Qué sea tan bestia yo

	que creyese a esta mujer!)
Ángela	Háblal[e], que puede ser que no te diga de no.

(Vase Carlos.)

Diego	Lindamente se ha vengado

de los celos que le di,
sierpe libia, que hay en ti
veneno disimulado
　entre labios de claveles.

(Vuelve Carlos a la puerta.)

　¿Cuándo traidor cocodrilo
lloró en el margen del Nilo
con engaños más crueles?
　¿Ayer quejas en los labios,
ayer lágrimas y amor;
hoy abrazos, hoy rigor,
hoy desdenes, hoy agravios?
　No me quejo que faltase
en ti amor, que en la mujer
ordinario suele ser.
Quéjome de que empezase...

Ángela	¿Qué infernal persecución

es la que en mi daño pasa?
¡Es Babilonia mi casa,
es abismo, es confusión!
　¿De qué Nuncio de Toledo,
de qué hospital de Valencia
se han soltado, con violencia,
tantos locos? Ya no puedo

	resistir los golpes fieros
	de mi fortuna.
Diego	¿Y querrás
	disculparte, y negarás
	tus abrazos lisonjeros?
	Brazos traidores y bellos
	diste a Carlos con amor,
	y aun es la culpa mayor;
	que le rogaste con celos.
Ángela	¿Qué te importa, hombre o demonio
	sin ley ni buena crianza?
Diego	Luego, ¿dirás que es venganza,
	pues, llamarlo testimonio
	no puedes?
Ángela	Vete de aquí.
	¿Qué? ¿No tuviese cerrada
	yo mi puerta?
Diego	A mi pasada
	dulce libertad volví.
	Voyme, y dejo tu galán
	con quien de mi amor te ríes,
	pero advierte que me envíes
	esas memorias que están
	neciamente en tanto olvido.
Ángela	¿Qué me dices, monstruo fiero?
Diego	(Bien verá que ya no quiero,
	pues mi cadena le pido.)

(Vase.)

Ángela ¿Hay tan oscura quimera?
Ya se fue, gracias a Dios.

Carlos ¿Dos veces, Ángela? ¿Dos?
¿Y de una misma manera?
 ¿A ver esto me has traído?
¿Fue lo pasado tan poco?
¿También don Diego está loco?
¿También su hacienda ha perdido?
 ¿No fue éste su caso, acaso?
Tú, cruel, lo pretendiste
porque sin duda creíste
que con tus celos me abraso.
 ¡Que vale para quien eres!

(Acomete a irse y ásele de la capa Ángela.)

Ángela Mira que aquéste don Diego
anda por mí sin sosiego,
pero yo...

Carlos   Engañarme quieres.
 «¡Ayer quejas en los labios!
¡Ayer lágrimas y amor!
¡Hoy abrazos! ¡Hoy rigor!
¡Hoy desdenes! Hoy agravios!»
 ¿No te dijo? Aquéstas son
palabras de pretendiente
o de quien agravios siente
porque está en la posesión.

(Tira de la capa y vase.)

Ángela ¿Qué? ¿No me quieres oír
satisfacción a tu agravio?
¡Muero! ¡Desespero! ¡Rabio!
¡Oh, cómo cansa el vivir!

(Vase. Salen Marcelo, Alberto y un Notario.)

Marcelo Haráse este poder de la manera
que he dicho, y yo lo otorgo;
que en efecto me caso porque tengo
un hijo, y hele inquieto.
Quizá sosegará viendo casado
al que heredar espera.

Alberto No eres tan viejo tú que andes errado,
Marcelo, en esa acción.

Marcelo Advierte, Alberto,
que aunque eres novio solo de prestado,
no te turbas. La madre está algo moza
y pudieras errar, pero trae tocas
de viuda, y fácilmente
conocerás su hija, Sol de oriente.

Alberto Advertido estoy. Bien, vamos notario.

Marcelo Secreto es necesario.

Notario Sabrémosle tener.

(Vanse.)

Marcelo	¡Dichoso día!

(Sale Alejandro.)

Alejandro	Nació de mi cruel melancolía horrendo monstruo, al fin. Nació mi daño. ¡Dichoso el que en extraño imperio o mar se aleja, y aquel paterno amor pone en olvido! ¡Dichoso el que se deja la patria y varios reinos peregrina sin ley ni disciplina!
Marcelo	Alejandro, ¿qué tienes?
Alejandro	Una joya que yo, mísero loco, con un vestido di (mi amor confieso), y también la cadena de diamantes hallé en un escritorio de Isabela. ¡Ay, honor! ¿Por dónde vino? Mi agravio aquí es notorio.
Marcelo	Investiguemos, pues, ese camino. El caso es grave; disimula, hijo. Toma dineros por si te conviene hacer más diligencias.
(Dale una bolsa.)	Yo, por mi parte, voy sin regocijo; que el caso melancólico me tiene. (Buscando esta experiencia agora pienso ver si el sentimiento le olvida de su juego y mocedades.)

(Vase.)

Alejandro	¡Salid, salid verdades, salid a plaza ya! ¿Si no dio Roque la rosa de diamantes a doña Ángela y a Isabela la dio? No es verosímil. Y la cadena de diamantes, ¿cómo a Isabela volvió si fue don Diego aquél que la ha ganado? Mi muerte sabré de él o mi cuidado.
(Sale Roque.)	
Roque	De don Pedro un recado te espera.
Alejandro	Di, ¿qué quiere?
Roque	Que en su casa hay agora, señor, un grande juego, y esquitarte podrás.
Alejandro	Vete, demonio. Demonio tentador, ¿juego me nombras entre las negras sombras del dolor que me trae arrepentido?
Roque	(¿El juego da al olvido con dineros? ¡A fe que está trocado!)
Alejandro	Ven acá, Roque. ¿Diste...
Roque	¿Qué?
Alejandro	¿...la rosa de diamantes a aquella sevillana?

¡La verdad, la verdad!

Roque   ¿Pierdes el seso?
¿Cómo sales con eso?
¿Tú mismo, no dijiste que alababa
el vestido y la flor cuando te hablaba?

Alejandro   Vete, bien dices.

Roque   (Ya la rosa ha visto.
Al fin hacen los celos
que mude inclinación.)

(Vase Roque.)

Alejandro   ¡Ah, santos cielos!
¿Don Diego, no será quien le ha enviado
la cadena? Esto es cierto.
Alguno la ha ganado
en mi deshonra pródigo. Soy muerto.

(Sale Roque.)

Roque   Señor.

Alejandro   ¿Otro recado?

Roque   Doña Ángela te ruega
que la vayas a ver.

Alejandro   Demonio, vete;
que ya no ama ni juega,
ni jugará jamás hombre tan necio.
Ni la estimo ni precio.

Roque (Bueno va esto, a fe.) Don Diego viene.

(Sale don Diego y vase Roque.)

Alejandro (Su lengua ha de ser la que condene
o absuelva mis agravios.
Mi desdicha o mi bien está en sus labios.)

Diego Alejandro, un negocio de importancia
a tu casa me trae.

Alejandro (Decirme quiere
mi deshonra, sin duda.) Aquí me tienes.

Diego Mi amigo fuiste siempre, y me confío.

Alejandro (Ya llega el dolor mío.)

Diego Acuchillar tenemos, esta noche,
un hombre que me enfada.

Alejandro En hora buena.
¿Y quién es él?

Diego Es Carlos.

Alejandro (¡Qué camino
para no darme pena!)
Toma de mí venganza.

Diego Amaba a Ángela yo, con esperanza
de su boca nacida;
mas ya su fe, su vida,

adora a Carlos, y aun le da, sin duda,
lo que estafa a los otros. La cadena
que perdiste y gané, como no es muda,
diciendo que era buena,
ya que no dada, me sacó prestada.
Cobraréla esta tarde
y después buscaremos
al andaluz cobarde.

Alejandro   En este mismo puesto nos veremos.

Diego   Adiós.

(Vase.)

Alejandro   Averiguados
mis agravios están y mis cuidados.
Carlos anoche suspiró a mi puerta,
y Carlos en mi calle está de día.
Ángela quiere a Carlos. Cosa es cierta.
Testigo de ella ha sido el alma mía.
   Pues si ella le regala, ella le ha dado
la joya y la cadena,
y a mi casa infelice la ha enviado.
¡Oh, casa de tahúr, casa bien llena
de agravios, deshonor, melancolía,
cuán poco duró en ti nuestra alegría!

(Sale Isabela.)

Isabela   Como al enfermo agrada
el alba alegre y luz resplandeciente
de su cara rosada,
y el líquido cristal de clara fuente

alegra al peregrino
fatigado del áspero camino,
  ansí, señor, me alegra
vuestra venida a casa, aunque es aurora
que absconde nube negra.
No os he visto, señor, alegre una hora
en aquestos dos días.
No eclipsen nuestro amor melancolías.

Alejandro   Como al enfermo enfada
la noche oscura, que del Sol ausente,
a mí la luz templada;
y como en el estío el Sol ardiente
fatiga al peregrino
en su prolijo y áspero camino,
  ansí me dan enfado
tus lisonjas, tu voz y tus amores.

Isabela   Blanca miel ha sacado
la solícita abeja de las flores
en el pradillo ameno,
y la araña en la flor halla veneno.
   La flor, ¿qué culpa tiene
si el daño está en el pecho y no en su hoja?
Amor cándido viene.
Si amo, me alegra amor; y amor te enoja.
Condena tus errores.
No culpes a mi voz ni a mis amores.

Alejandro   ¡Qué ejemplos tan vulgares!
¡Qué argumentillos necios y cansados
para aumentar pesares!

Isabela   Comunícame ya tantos enfados.

| | Si es público el efeto,
¿por qué a la causa das tanto secreto? |
|---|---|
| Alejandro | En su principio es fuente
dormida entre esmeraldas aquel río
que en su espalda consiente
la máquina admirable de un navío.
Mi agravio es hoy infante.
Si más vida le doy, será gigante.
¡Hola! |
| Roque | ¿Señor? |
| Alejandro | La puerta
con vigilancia guarda, ya que ha estado
a mi desdicha abierta.
Salga del pecho mi dolor callado,
y en confusos desvelos
la honra y el amor paran sus celos.
Isabela, yo estimo
en mucho tu valor, tu virtud creo.
En el alma la imprimo;
mas debo sujetarme a lo que veo
porque el discurso halla
al crédito y la vista en cruel batalla.
La controversia es fuerte.
Escoge, pues, con ánimo sencillo,
la verdad o la muerte.
En tus labios están la vida y cuchillo.
O entrega la garganta,
o dime la verdad piadosa y santa. |
| Isabela | Si tú quieres verdades,
¿cómo las pides con rigor y pena? |

                        ¿Con muerte persuades
                        que diga la verdad a la que es buena?
                        Pregunta, dulce amigo,
                        que si quieres verdad, verdades digo.

(Asela del brazo.)

Alejandro   ¿De quién has recibido
                        la rosa y la cadena de diamantes
                        que yo, ¡ay de mí!, he perdido?

Isabela   A preguntas, oh infiel, tan ignorantes,
                        no debe dar respuesta
                        una mujer tan noble y tan honesta.

(Suéltase del brazo con ira.)

                          Pregúntalo a Marcelo,
                        tu padre y mi señor.

[Sale Marcelo.]

Marcelo   Hijos, ¿qué es esto?

Alejandro   Salir ya de un recelo,
                        laberinto cruel, dolor molesto.

(Apártalo a un lado.)

Marcelo   Si sereno tus ojos,
                        tus celos, tus sospechas, tus antojos,
                          ¿qué me prometes?

Alejandro   Amo

tanto a Isabela, y su beldad adoro,
aunque ingrata la llamo,
que, pues no puedo dar montañas de oro,
te juro y le prometo
de no entregarme más al juego inquieto.
　Su luz me niegue el cielo
y la tierra sus frutos diferentes;
su blando y dulce hielo
vuelvan en mármol para mí las fuentes;
iguale con porfía
a la pena de Tántalo la mía;
　con vanas ilusiones,
con fantástico horror y devaneos,
perturbe mis acciones
el pálido temor, y mis deseos
en tierna flor cortados
hallen por fruto míseros cuidados;
　incierto peregrino
por varios campos, mares extranjeros,
a fuerza del destino
pase los años de mi edad ligeros,
si a liviandad ni a juego
las dulces horas del vivir entrego.

Marcelo　　　Deseo tuvo un santo
de ver, si bien de lejos, el infierno,
lugar de eterno llanto.
Entre sueños le vio y el pecho tierno
de miedo quedó helado
como si vivo fuera y no soñado.
　Yo quise, oh hijo mío,
que vieses el infierno de un agravio
y el loco desvarío
de tu vida, enmendases como sabio;

| | que a ver este mal llega
quien no honra a su mujer y amor le niega.
   El vestido y la rosa
a Isabela entregó este fiel criado,
y con burla graciosa
la cadena a doña Ángela ha sacado,
y yo rondé tu puerta
por darte celos yo.

Alejandro   Mi dicha es cierta.
   Los celos del amante,
como disgusto dan y no deshonra,
no es mal tan importante;
mas como tocan en el gusto y honra
celos de hombres casados,
¡vive Dios!, que aun en burlas son pesados.
   Perdóname, Isabela,
si la razón fue esclava de los ojos.

(De rodillas.)   No aborrece quien cela,
dudé mas no creí vanos antojos,
y sujetos a errores
están nuestros sentidos exteriores.

Isabela   Señor, señor, levanta;
esas palabras y esta acción ignoro.

Alejandro   Eres noble, eres santa.

Isabela   Soy quien siempre te amó.

Alejandro   Yo quien te adoro.

Roque   Y yo la culpa toda,
y ansí seré la vaca de la boda.

Alejandro	No serás. Bien te quiero.
Marcelo	Pues, yo, para un paterno regocijo, hoy convidaros quiero. Me caso en conclusión. Perdona, hijo, que la vejez convida a sosiego y a paz la humana vida.
Alejandro	A tu gusto sujeto viviré eternamente.
Isabela	Y yo a tu esposa tendré amor y respeto.
Alejandro	Dínos, señor, quién es.
Marcelo	Moza y hermosa.
Roque	(Con la sorda te casas. En tiempo de uvas frescas comes pasas.)

(Vanse. Salen Ángela y su Madre.)

Madre	¿Qué graves melancolías son las que ya te congojan? ¿Este necio amor de Carlos es tu pena y es tu gloria? No te agradan mis consejos, y ansí, pobre, triste y sola pasarás mísera vida si con Carlos te desposas. Toma ejemplo en mi esperanza, ejemplo en mi industria toma;

	pues me caso ricamente
	más vieja y menos hermosa.
Ángela	¡Oh, mal haya la avaricia!
	Por ella mis ojos lloran
	los favores que a don Diego
	di, del oro codiciosa.
	Ya Carlos, lleno de celos,
	falsa y mudable me nombra,
	y en aparentes razones
	mezcla quejas rigurosas.
Madre	De esa suerte viuda estás.
	Ángela, ponte estas tocas
	que ya me cansan a mí;
	que parecer quiero moza.
	Prueba la viudez un día;
	quizá con ella gozosa,
	no querrás el otro estado.
	Ya aborrecerás las bodas.
Ángela	¿Tan de gusto estoy que quieres
	hacer máscara y chacota?
Madre	Hermosa estarás con ella,
	y tu cara será rosa;
	que en la nieve sale más
	la púrpura de las hojas.

(Quítase las tocas la Madre y póneselas la hija.)

Ángela	Si para mí Carlos muere,
	viuda quiero ser una hora.
	En tanto que sé si tiene

                        vida su amor...

Madre   Linda cosa.

(Sale Gómez.)

Gómez   Un notario está a la puerta.

Madre   Aquí comienza mi historia.

Ángela   Las tocas me quito...

Madre   Calla,
                        que, a fe que no te conozcan...

(Salen Alberto y el Notario.)

Alberto   Marcelo Gentil me envía
                        a vuestra casa, señoras,
                        con un poder y un notario.
                        Bien sabréis a qué.

Madre   (Yo sola
                        puedo saber la ocasión.)

Alberto   Vos, pienso que sois su esposa.

(A Alberto.)

Notario   Harto mejor es la viuda,
                        y aun me parece más moza.

Alberto   Madrastra será, no madre,
                        y me río de una cosa:

	que nos encargó Marcelo no trocásemos las novias y eligiésemos la viuda. Más valiera errar.
Notario	La otra es un ángel.
Alberto	Gustos son.
Notario	Concluyamos, pues, que es hora. ¿Quién es doña Ángela Heredia? Sin duda sois vos.
Madre	La propia.
Notario	¿Vuestro padre?
Madre	Don Andrés.
Notario	¿Vuestra madre?
Madre	Inés de Soria.
Alberto	Pues, en nombre de Marcelo os doy la mano.
Madre	Y lo otorgan también mi palabra y mano.
Notario	Viváis edades no cortas. De ellos doy fe, y esto es hecho.
Alberto	Voy a dar nuevas gozosas

a Marcelo.

(Vanse Alberto y el Notario.)

Madre
Y yo le espero;
que ya el alma se alboroza.
Quiera Dios que bien lo lleve.

Ángela
Alza, Gómez, estas tocas,
que he estado con gran vergüenza.

Gómez
Todo es disfraces en bodas.
¡Cómo me huelgo! Y en tanto
que aquesta planeta corra,
no pierdo las esperanzas
de casarme.

Madre
Es una cosa
casarte, Gómez, o yo...

Gómez
Entre la una edad y otra,
yo apostaré que no hay
de diferencia tres horas.

(Sale Carlos.)

Carlos
Por esas calles se dice
que Ángela, infiel, se desposa,
y aunque ofendidos mis ojos
se abrasan porque la adoran,
¿es verdad, Ángela ingrata,
que te has de casar agora
con Marcelo? ¿Qué mudanza
tu entendimiento trastorna?

	¡Con un hombre a quien el tiempo,
	con sus alas voladoras
	dio más plata en el cabello
	que la Fortuna en su bolsa?
	¿Con un viejo?

Madre   ¡Paso, paso!
                Que esas injurias me tocan.

Ángela   Mira, Carlos, que es mi madre
                la que se casa.

Carlos   Perdona.

(Salen don Diego y don Luis.)

Diego   Cobrar quiero mi cadena;
                que una niña estafadora
                no ha de hacer suertes en mí
                con engaños y lisonjas.

Luis   Bien haces, pues que sabemos
                que con las razones propias
                que me sacó mi cadena,
                te engañaba codiciosa.

Madre   Estos me cansan. Azar
                tengo en estas dos personas.

(Salen Marcelo, Isabela, Alejandro, Alberto, Roque y Fabián.)

Gómez   Si van oliendo la fiesta,
                entrará la corte toda.

Roque   Dan lugar al desposado.
                       ¡Plaza, plaza!

Madre   ¡Aquí fue Troya!
                       Líbreme Dios de sus iras.

[A Marcelo.]

Alberto   Si la viuda es más hermosa,
                       ¿por qué, di, no la escogiste?

Marcelo   No digas, necio, tal cosa;
                       que a mi mujer no se iguala
                       la misma luz de[l] aurora.

Roque   Oye, señor, si ha de haber
                       música alguna en la boda,
                       trae trompetas y campanas
                       porque la novia las oiga.

Alejandro   ¡Que con Ángela se case
                       mi padre! ¡Suerte dichosa
                       en razón de su hermosura!

Isabela   Y dice que no la dota.

(Habla con Ángela.)

Marcelo   ¿Qué piloto llega al puerto
                       tras del furor de las olas,
                       con cuya nave los vientos
                       jugaron a la pelota,
                       más alegre que yo llego
                       a tus ojos de quien sombras

	son el Sol y las estrellas con que la noche se adorna?
Ángela	No es razón que a mí tan presto me hagáis, señor, tantas honras. Hablad primero a mi madre.
Marcelo	Tu discreción me aficiona. Dices bien. (¡Cortés mujer!)
Ángela	(Noble padrastro.)
Marcelo	Señora, la bendición, la licencia, y el sí vuestro perfecciona[n] mis bien logrados deseos.
Madre	Vuestra soy.
Marcelo	(Suegra piadosa.) Pues que de esta cortesía fuisteis maestre, ya es hora que deis, Ángela, esa mano.
Ángela	Daréla, pues que me importa. Toma, Carlos.
Marcelo	«¿Toma Carlos?» ¿Qué cosa es Carlos?
Ángela	Se nombra mi esposo ansí, ¿no lo ves?
Marcelo	¿Qué es esto, Alberto?

Alberto	¿Eso ignoras? Es libre y busca marido.
Marcelo	¿Qué es libre?
Alberto	¿De eso te enojas?
Roque	Boda de invierno es la nuestra porque s[e] aforra con otra.
Marcelo	¿Qué confusión es aquésta? ¿Estamos en Babilonia?
Alberto	Con Ángela te has casado. ¿Qué te espantas y alborotas?
Ángela	Con doña Ángela de Heredia. Yo soy, señor, de Mendoza. Mi madre es la desposada.
Marcelo	¡No se usara en Etiopia tal maldad!
Madre	Señor, paciencia; que en esta ocasión importa. Si me quisisteis primero, no os mentí. Yo soy la propia.
Marcelo	¿También Ángela te llamas?
Carlos	Señor, sí. Cosa es notoria.
Roque	El casamiento es ninguno.

Madre	¿Por qué?
Roque	Porque siendo sorda, no oyó bien lo que se hizo.
Marcelo	No alegas mal.
Madre	¿Soy yo boba? Más oigo que todos juntos.
Roque	¡Venga a examen, vieja loca!
Madre	Vos sois el loco, lacayo.
Roque	¡Oyóme esta vez! Va otra un punto más bajo en tono y la dueña Quintañona se casa con Galaor.
Madre	¡Mentís, mandil de fregonas. Si Marcelo es quintañón, yo soy moza y muy bien moza.
Roque	¿Ésta es sorda? En toda España no hay jabalí que más oiga.
Marcelo	Si no es sorda, menos mal. Ángela de Heredia, toma la mano; que si es destino, no hay fuerzas contradictorias.
Diego	Pues, agora pido yo, doña Ángela de Mendoza,

	mi cadena.
Ángela	¿Cómo, cómo?
Diego	Digo que pido mi joya.
Ángela	Si la llevó el alguacil, y después que no lo ignoras, confesaste ya tenerla, ¿qué me pides?
Fabián	Esta historia me toca a mí.
Diego	¿Qué alguacil? ¡Qué confusión! ¡Qué memorias!
Ángela	Aquí está el señor Picón. ¡Oh, como vino en buena hora! ¿No le ha dado la cadena?
Alejandro	Esto, don Diego, me toca. La cadena tengo yo; vos tendréis el valor.
Diego	Sobra.
Alejandro	Y la casa del tahúr enmienda y fin tiene agora.
Roque	Vuestras mercedes perdonen, y aquí gracia y después gloria. Laus Deo

Fin de la comedia

Libros a la carta
A la carta es un servicio especializado para
empresas,
librerías,
bibliotecas,
editoriales
y centros de enseñanza;
y permite confeccionar libros que, por su formato y concepción, sirven a los propósitos más específicos de estas instituciones.
Las empresas nos encargan ediciones personalizadas para marketing editorial o para regalos institucionales. Y los interesados solicitan, a título personal, ediciones antiguas, o no disponibles en el mercado; y las acompañan con notas y comentarios críticos.
Las ediciones tienen como apoyo un libro de estilo con todo tipo de referencias sobre los criterios de tratamiento tipográfico aplicados a nuestros libros que puede ser consultado en Linkgua-ediciones.com.
Linkgua edita por encargo diferentes versiones de una misma obra con distintos tratamientos ortotipográficos (actualizaciones de carácter divulgativo de un clásico, o versiones estrictamente fieles a la edición original de referencia).
Este servicio de ediciones a la carta le permitirá, si usted se dedica a la enseñanza, tener una forma de hacer pública su interpretación de un texto y, sobre una versión digitalizada «base», usted podrá introducir interpretaciones del texto fuente. Es un tópico que los profesores denuncien en clase los desmanes de una edición, o vayan comentando errores de interpretación de un texto y esta es una solución útil a esa necesidad del mundo académico.
Asimismo publicamos de manera sistemática, en un mismo catálogo, tesis doctorales y actas de congresos académicos, que son distribuidas a través de nuestra Web.
El servicio de «libros a la carta» funciona de dos formas.
1. Tenemos un fondo de libros digitalizados que usted puede personalizar en tiradas de al menos cinco ejemplares. Estas personalizaciones pueden ser de todo tipo: añadir notas de clase para uso de un grupo de estudiantes, introducir logos corporativos para uso con fines de marketing empresarial, etc. etc.

2. Buscamos libros descatalogados de otras editoriales y los reeditamos en tiradas cortas a petición de un cliente.

www.ingramcontent.com/pod-product-compliance
Lightning Source LLC
Chambersburg PA
CBHW051344040426
42453CB00007B/401